견고한 진을 피하는 영적 전쟁 시리즈 6

마귀의 책략과
교회의 승리

Overcoming
the Accuser

by
Rick Joyner

Combating spiritual strongholds series
Overcoming Racism

by

Rick Joyner

Copyright ®œ 1996 by Rick Joyner
Originally published in English by MorningStar Publications
P O Box 19409
Charlotte, NC 28219-9409 USA
Translated into Korean Language by Micah Park
Korean copyright ®œ 2002 by Grace Publisher
Seoul Korea All rights reserved

감사의 글

콜론 시에 대한 자신의 귀중한 연구 자료를 기꺼이 나에게 제공하신 크리스틀리쉬 게마인데 콜론 (Christlich Gemeinde Koln : 콜론 시 기독교 간행물의 이름: 역자 주) 간행물 회사의 노버르트 시그리스트 (Norbert Siegrist)씨에게 특별한 감사를 드립니다.

마귀의 책략과 교회의 승리

차례

제1부 지옥의 문과 천국의 문 / 13
1). 영적인 문들에 대한 이해 / 14
2). 영적인 눈으로 지역들을 분별하기 / 15
3). 죄악의 씨가 된 도시 콜론 / 18
4). 아간의 죄 / 20
5). 십자군 운동의 씨 / 24
6). 대량 학살의 씨앗 / 26
7). 십자군과 콜론 / 30
8). 승리 속의 패배 / 32
9). 공산주의에 대한 영적인 조사 / 36
10). 지옥의 문을 잠그기 / 39

제2부 천국과 지옥의 격돌 / 45
1). 과거를 뒤 돌아보아야 하는 이유 / 49
2). 우리도 동일한 죄를 범 하였다. / 50
3). 죽음의 수레바퀴는 멈추어져야 한다. / 53
4). 회해의 사역 / 57
5). 진정한 겸손 / 59
6). 우리가 죄인 입니다. / 62
7). 악의 뿌리 / 70

제 3 부 두 가지 명령 / 75
　　1). 더 높은 권세 / 79
　　2). 거치는 돌 / 82
　　3). 교회는 맡겨진 권세의 영역을 넘지 않아야 한다. / 85
　　4). 교회의 예언자적 권세 / 86
　　5). 죽음의 덫 / 92
　　6). 생명을 위한 전쟁 / 95
　　7). 하나님의 역사책 / 102

제 4 부 생명과 자유를 위한 싸움 / 105
　　1). 영적 낙태 / 110
　　2). 동성 연애자는 마귀의 강력한 진 / 113
　　3). 하나님께서는 동성 연애자들을 사랑 하신다. / 115
　　4). 동성 연애와 예배 / 117
　　5). 영적인 동성연애 / 119
　　6). 그리스도인 이면서 자유 주의자 일 수 있는가?. / 122

제 5 부 요 약 / 125

제 1 부

지옥의 문과 천국의 문

1. 영적인 문들에 대한 이해

 어둠의 세력들은 지옥의 문을 통하여 이 세상에 도달한 후 세상 사람들을 공격한다. 반면에 하나님의 은혜와 진리로 표방되는 하나님의 사랑과 도우심은 천국 문을 통하여 이 세상에 도달한다. 우리는 지금 지옥의 문과 천국의 문이 거의 다 열려져가고 있는 시대에 살고 있다.
 이세상을 천국으로 만들기 위해서 이 시대를 살아가고 있는 그리스도인들은 하나님께서 우리에게 주신 영적인 권세를 사용하여 지옥의 문은 닫아버리고 천국 문은 더 활짝 열어 제칠 수 있어야한다.

제1부 지옥의 문과 천국의 문

2. 영적인 눈으로 지역들을 분별하기

지옥의 문과 하늘의 문은 각각 하나만 있는 것이 아니다. 하늘의 문이 여러 개요 지옥의 문도 여러 개이다. 그리고 개개의 문들은 한 지역, 특별히 사람들이 모여 사는 도시에 하나씩 있다.

그러므로 각 지역마다 흑암의 세력이 들어오는 문 하나와 하늘의 세력이 들어오는 문이 하나씩 있는 것이다. 하나님 나라와 이 세상을 거의 장악하고 있는 흑암의 나라는 이 세상에서 서로에 대해 전쟁 중에 있다.

하나님의 나라와 흑암의 나라가 이 세상에서 서로 싸우는 이유는 땅을 차지하기 위해서가 아니라 땅에 살고있는 사람들을 차지하기 위해서이다.

하나님께서 어떤 지역이나 나라 또는 땅을 점령하시기 위하여 그 지역이나 나라에 사는 사람들의 마음을 바꾸시는 것도 바로 이러한 이유에서이다.

그렇기 때문에 하나님께서는 이 세상의 지역들을 구별하실 때에 세상 사람들처럼 나라나 지방에 따라 구별하지 아니하시고 사람들의 문화와 관습 그리고 그들이 행동하는 양식에 따라 지역들을 나누신다.

그러므로 하나님과 같은 안목을 가진 영적인 사람

은 지역을 구분할 때 사람들이 나눈 정치 행정적인 기준으로 나누지 아니하고 하나님과 같은 방식으로 나눌 수 있는 영적인 안목을 키워야한다.

영적인 눈을 가진 사람은 한 도시의 영향력이 어디까지 미치고 있는가 하는 관점에서 나라와 지역을 구분할 수 있는 사람이어야 한다는 말이다. 그런 이유에서 이 땅을 복음으로 뒤덮고자 하는 우리 그리스도인들은 마귀의 영향력과 하나님의 영향력이라는 관점에서 이 세상의 지역들을 나누어 볼 수 있는 힘을 점차 키워나가야만 하는 것이다.

지역을 영적으로 분별하는 데 있어서 하나의 좋은 실례를 들어보자. 독일에 콜론(Cologne)이라는 도시가 있다.

이 도시는 이 세상에 존재했거나 존재하고 있는 그 어느 도시들보다 인류에게 역사상 가장 나쁜 영향력을 행사하였던 도시이다.

그러나 거의 대부분의 사람들은 콜론이 얼마나 세상 역사에 악영향을 끼쳤는지에 대해 잘 모르고 있다.

이 콜론이라는 도시는 하나님을 대적하는 신학과 철학들을 발표한 사람들이 흑암의 세력에게 장악되어 왕성하게 활동하였었던 도시이다.

콜론에서 활동했던 신학자들과 철학자들의 잘못된

영향력으로 인해 이 세상은 역사상 그 어떤 악한 제국의 독재자가 행했던 짓보다 더 큰 악이 행해졌고, 그 결과 사람들의 무죄한 피가 이 세상에 수없이 많이 뿌려지게 되게 되었다.

이러한 하나님을 대적하는 악한 신학자들과 철학자들이 쾰른이라는 도시를 무대로 활동 함으로 말미암아 세상에 끼친 악한 영향력은 아직도 이 세상에서 사라지지 않고 있다.

이 책에서 나는 사람들이 거짓 신학과 철학들을 사용하여 사람들을 어떻게 파멸 시켰는지를 어느 정도 밝힐 것이다. 그러나 내가 그렇게 밝힌다고 해서 각 도시에 있는 지옥의 문들이 일시에 닫혀지는 것은 아니다.

그러나 적어도 나의 이러한 시도가 악마들의 세력을 약화시키는 데에 도움을 줄 수 있으리라고 나는 확신한다. 그리스도인들이 마귀와의 싸움에서 최종적인 목적은 지역을 탈취하는 것보다는 그 지역에서 활동하는 흑암의 세력을 철저히 괴멸시키는 것에 두어야 한다.

우리는 땅을 점령할 뿐 아니라 그 땅에 둥지를 틀고 있는 모든 흑암의 세력을 하나도 남기지 않고 괴멸시켜야 한다. 이러한 흑암의 세력들과의 전쟁을 치를 때에 교회와 그리스도인들이 반드시 지켜야할 전쟁 승리 원칙은 여호수아가 아이 성을 점령하였던 성경적 사건에서 분명히 제시되고 있다. 만일 우리가 올바른 성경적인 영적 전쟁의 원칙 하에서 악을 철저히 괴멸시키지 않는다면 악의 세력은 다시 그들의 잔존 세력들을 규합하여 우리 자녀의 세대들에게 그전보다 더 악한 영향력을 행사할 것이다.

3. 죄악의 씨가 된 도시 콜론

콜론이라는 지역은 예수 그리스도가 이 땅에 태어났을 즈음에 세워진 곳이다. 로마의 황제 아우구스투스 (Augustus)의 조카 딸 중에 사람들 사이에서 사랑의 여신인 아프로디테 (Aphrodite)의 딸로 잘 알려진 아그리피나 시니어 (Agrippina senior)라는 여자가 있었다. 이 여자는 가울 (지금의 북부 이탈리아, 프랑스 및 벨기에 지역을 통틀어 가울이라고 함: 역자 주)이라는 넓은 땅을 점령한 정복자 게르마니쿠스 (Germanicus)와 기원 후 15년에 콜론에서 성대한 결혼식을 올렸다.

그리고 그 다음해인 기원 후 16년에 그녀는 지금

고풍의 카톨릭 성당이 서있는 콜론의 오피둠-오비오룸 (Oppidum-Obiorum)이라는 장소에서 아그리피나 주니어 (Agrippian Jr.)라는 딸을 출산하였다. 그 당시 오피둠-오비오룸은 독일의 우상 숭배장소였다. 이 때 출생한 아그리피나 주니어는 나중에 결혼하여 아들을 낳았는데 그 아들이 바로 로마 제국을 통틀어 가장 잔인한 황제로 악명을 떨친바 있는 네로이다. 네로는 로마의 황제가 된 후 수많은 그리스도인들이 써쿠스 막시무스 (Circus Maximus)라는 곳에서 굶주린 사자의 먹이가 되도록 하였다.

성경의 위대한 인물 바울과 베드로도 이 극악한 네로 황제의 사형 언도로 인해 로마에서 죽임을 당하였다.

그러므로 이러한 사실에서부터 우리는 로마제국의 교회에 대한 핍박의 씨가 콜론이라는 지역에서 이미 잉태되었음을 어느 정도 엿볼 수가 있다. 네로 황제의 어머니였던 아그리피나 주니어와 네로의 뒤를 이은 칼리굴라 (Caligula)황제가 콜론 출신이라는 이유로 해서, 기원 후 67년에 이 콜론이라는 지역은 서 로마제국의 수도가 되었다.

그리고 그 때부터 약 이 백년간에 걸쳐서 콜론은 프랑스, 스페인, 독일과 영국을 지배하는 세상권력과 흑암의 세력의 명실상부한 본거지가 되었다.

그리고 콜론이 서 로마 제국의 수도로 지정되면서 부터 이 도시에는 우상들을 섬기는 신전들이 많이 생겨나게 되었다.

4. 아간의 죄

313년에 기독교를 로마의 국교로 제정한바 있는 로마의 황제 콘스탄틴 (Constantine)은 마테르누스 (Maternus)라는 사람을 콜론과 트리어 (Trier) 및 통거른 (Tongern) 지역을 관장하는 기독교 감독으로 파송하였다.

그러면서 그는 또한 마테르누스로 하여금 그 지역에 서있는 모든 우상들과 신전들을 모두 다 없애도록 지시하였다. 그러나 그러한 조치로 인해 이 지역의 우상과 신전들이 완전히 없어진 것은 아니었다.

그 한 예로 이때 없어지지 않는 신전들 중의 어떤 신전은 그 후 기독교 교회당으로 사용되기도 하였던 것이다.

이것이 바로 성경이 말하고 있는 아간의 죄이다. 아간은 이스라엘의 군사들과 함께 여리고 성를 점령하면서 여리고의 모든 것을 다 파괴시키라는 하나님의

사람 여호수아 장군의 명령을 지키지 않은 인물이었다. 아간은 여리고 성에 진군한 후 그 성의 노략물을 파괴시키지 않고 자기의 것으로 남겨두었던 것이다. 이러한 아간의 죄로 인해 이스라엘은 그 다음 전투인 아이 성 전투에서 결국 적들에게 완전히 패배하고 말았다.

이러한 패배가 콜론에서도 동일하게 일어나게 된다. 콜론의 모든 우상과 신전들을 파괴시키지 않고 그들의 일부를 남겨둔 대가로 콜론이라는 도시는 하나님과 하나님의 백성에 대해 가장 악랄한 반기를 드는 반 기독교적인 운동의 산실이 되고 만다.

현재 적지 않은 수의 교회들이 세상과 거짓 신들의 가르침이 교회에 들어오는 것을 직접 또는 간접적으로 허용하고 있다는 사실은 참으로 안타까운 사실이다.

그 한 예로 어떤 교회들은 프리 메이슨의 가르침(Masonry)을 별로 여과하지 않고 받아들이고 있다.

교회여, 악한 영에 미혹되지 말라. 우리 주님께서는 절대로 자신의 성전을 다른 신들과 함께 공유하지 않으신다.

이러한 죄악에 대해 하나님께서 즉시로 심판하지 않으신다고 이러한 죄악의 심각성을 과소평가 하여서는 안 된다. 아간의 죄도 죄가 행해진 그 즉시로 하나님의 심판을 받지는 아니하였다.

그러나 아간의 죄의 결과가 얼마 후 아이성 전투에서 이스라엘 측의 패배로 나타났다. 하나님께서는 한 두 세대가 지나시기까지 인간들이 범한 죄를 참으시기도 하신다. 가령, 이스라엘 왕들이 하나님 앞에 범죄 하였을 때 하나님께서는 바로 징벌치 아니하셨다.

그러나 한두 세대에 후에 그들의 죄악의 열매가 반드시 나타나 이스라엘이 주변나라에 의해 공격받거나 주변나라에 포로로 끌려가는 어려움을 당하였다.

그러므로 금방 하나님의 심판이 일어나지 않는다고 세상의 죄악을 교회에 끌어들이는 누를 교회가 범하여서는 안 된다.

역사는 한 사람의 마음속에 불순종이라는 반역의 죄가 잉태됨으로 말미암아 기독교에 큰 해를 주는 이단과 철학이 생겨나게 되었음을 증명하여주고 있다.

그러므로 우리가 진정으로 하나님이 우리에게 주시는 축복의 가나안 땅을 정복하기 위하여서는 우리 속에 있는 남아있는 "아간" 과 같은 속성들을 없애야 한다. 우리의 생각이라는 진중 안에 남아있는 "아간"을 몰아내자. 그렇지 않으면 머지않아 우리의 생각 속에 남겨두었던 아간의 씨가 우리라는 존재를 멸망시킬 것이다.

이러한 먹지 않으면 먹히는 영적 전쟁의 원칙을 잘 숙지하고 있었던 사도 바울은 고린도 교회에 보낸 편지에서 고린도 교회 교인들에게 교회 안에 있는 죄인들을 몰아내라고 촉구하였다. 영적 전쟁에 앞장서야 할 영적인 지도자들이 교회라는 진중에 남아 있는 죄의 씨앗을 올바로 몰아내는 조치를 유보할 때마다 이로 인한 피해는 매우 엄청남을 교회 지도자들은 알고 있어야한다.

교회가 교회의 죄를 교회에서 몰아내지 못함으로 인해 교회는 분열되었고 영적 전쟁에서 패배하여왔던 것이 역사적 사실이다. 교회가 은혜라는 미명 하에 교회와 교인들의 죄를 용납해서는 안 된다.

교회가 용납해야하는 것은 죄가 아니라 죄를 회개한 죄인인 것이다. 죄는 물리치되 회개한 죄인은 교회가 받아들여야 한다. 그렇기에 사도 바울은 고린도후서에서 회개한 한 교인을 지칭하며 고린도 교회의 성도들에게 그를 용납하고 받아들이라고 촉구한 바 있다.

5. 십자군 운동의 씨

632년에 모슬렘들이 중동 지역과 유럽을 침공해 들어오기 시작하였다. 638년에는 비쟌틴 제국으로 일컬어지는 기독교 제국 (이 제국은 후에 그리스도 정교의 산실이 되었음)의 관할 하에 있던 예루살렘이 칼리프 오마르 (Khalif Omar)라고 하는 정복자에 의해 점령되었다.

그 당시 비쟌틴 제국의 수도는 현재 이스탄불이라고 불려지는 콘스탄티노플이었다. 그 당시 기독교 제국이었던 이 비쟌틴 제국이 외부의 침략에 의해 무너질 것이라고 생각하는 사람은 하나도 없었다. 그들이 그렇게 생각한 이유는 이 제국이 거대했을 뿐 아니라 이 제국은 그리스도인들에 의해 세워진 제국이라고 믿었기 때문에 더욱더 그러하였다.

그러나 투르크 족의 모슬렘지도자인 알프 아슬람 (Alp Arslam)이 투르크 족을 이끌고 비쟌틴 제국으로 쳐들어갔다. 1071년 8월 19일 금요일 날 만치케르트 (Manzikert)에서 투르크 족은 비쟌틴 군을 괴멸시키고 그 당시 비쟌틴 기독교 제국의 황제였던 로마노스 디오게네스 (Romanos Diogenes)를 포로로 잡았다.

제1부 지옥의 문과 천국의 문

 이 승리이후 투르크 족으로 구성된 모슬렘 군대들은 프랑스와 스페인 및 발칸 제국을 침략할 목적으로 계속해서 진군해 나갔다. 한편 이들 투르크족 모슬렘들에 의해 전 유럽이 공포에 떨고 있을 즈음, 예루살렘 지역을 담당하고 있던 기독교 감독이 로마 교황에게 한 통의 편지를 보냈다. 이 편지에는 모슬렘의 공격으로부터 유럽을 구할 책략이 적혀있었다. 편지를 읽은 교황은 이 편지에 있는 책략대로 하면 유럽을 모슬렘의 손에서 구할 수 있다고 믿게되었다.

 그래서 그는 유럽을 모슬렘의 손으로부터 구하기 위하여 많은 기사들과 영주들을 대대적으로 모집하였다. 그는 또한 노예의 신분을 풀어준다는 조건으로 수많은 농노들을 군인으로 징집하였을 뿐 아니라 노숙자들과 창녀들까지 동원하여 거대한 군대를 조직하였다.

 그리고 교황은 또한 이 편지가 자신을 전 유럽 나라들의 총수로 임명하는 하늘이 내린 편지라 믿었다. 그래서 그는 한걸음 더 나아가 전 유럽의 나라들이 모슬렘의 침략에 대항하여 일어나기를 대대적으로 촉구해 나가기 시작하였다.

 한편 은둔자 피터 (Peter the Hermit)라고 알려진 마미엔스의 피터 (Peter of Amiens)는 부활전 전인

1096년 3월에 당나귀를 타고 트리에르 (Trier)에 도착하였다.

 그리고 그는 부활절 날 약 만 명의 그의 부하들과 함께 콜론을 점령하였다. 곧이어 그는 십자군이 왜 필요한지를 알리는 복음의 전령사들을 각지에 파견하며 라인랜드 (Rhineland)지역을 도와주기 위한 십자군들을 계속 모집하였다. 그 결과 얼마안가 그의 군대는 삼만 명으로 불어났다. 그러자 그는 이 군대를 그리스도를 위한 십자군이라 정식으로 명명하고 모슬렘 국가들에 대한 사악한 전쟁을 획책하였다. 이때의 이러한 획책의 영향으로 기독교인들과 모슬렘 교도들과의 반목은 그 후 천년이 지난 지금도 줄어들지 않고 있다. 그리고 이뿐 아니라 마이엔스의 피터는 유대교가 기독교 의 이념과 상치된다는 것을 빌미로 마귀적인 잔악 행위를 대대적으로 펼쳐 수많은 유태인들을 핍박하기 시작하였다.

6. 대량학살의 씨앗

 십자군의 세력이 점점 커지자 이들 십자군들에게 들어가는 비용도 점점 막대하게 되었다.

제1부 지옥의 문과 천국의 문

그러자 십자군에 가담한 십자군 지도자들은 그 당시 은행계를 주름잡고 있던 유대인들 악용할 계책을 세웠다. 그 당시 대부분의 기사들은 십자군을 재정적으로 지원하기 위하여 자신들이 소유한 부동산을 유대인들이 장악하고 있던 은행들에 담보로 잡혀놓고 있었다. 그러자 십자군의 지도자들은 유대인들이 예수를 십자가에 못박은 원흉들이므로 예수 그리스도를 위한 십자군 운동 때문에 이들에게 돈을 빌린 돈은 갚지 않는 것이 그리스도의 뜻이다라는 이론을 퍼트려나갔다.

부일리온의 고트프리드 (Gottfried of Bouillon)라는 사람이 있었다. 그는 그 당시 지금은 네델란드라고 불리는 나라의 마르데네스 지역과 콜론 및 라인 지역이 포함된 로트링겐의 아랫 영역의 거대한 지역을 다스리는 군주였다.

그는 어느 날 자신이 관할하는 지역에서 살고 있는 모든 유대인들을 살해함으로 예수의 원수를 갚으라는 칙령을 각 지방에 내려보냈다.

그러자 콜론과 메인쯔에서 살고 있던 유대인들은 그에게 오백 개의 은화를 주어 자신들의 목숨을 돈으로 구걸하였다.

코트프리드는 이런 방법으로 거둔 돈을 모아 십자군을 지원하였다. 그의 이러한 악랄한 모금 방법이 성과를 거두자 유럽 전역에서는 그와 동일한 방법으로 유대인의 주머니를 털기 시작하는 일들이 벌어졌다.

유대인의 입장에서 본다면 그들은 아무 대가 없이 은행돈을 십자군에게 강탈당하였고 또한 목숨을 구걸한 대가로 교회의 감독들과 성의 기사들에게 돈을 빼앗긴 것이었다.

콜론의 유대인들은 목숨을 부지하기 위하여 십자군 운동 지도자들에게 돈을 바쳤음에도 불구하고 라인랜드의 백작인 에머리히 (Emmerich)는 콜론 지역의 유대인들을 학살하였다.

그리고 피터는 십자군으로 하여금 프라하(Prague)의 유대인들을 학살케 하였다. 이뿐만이 아니었다.

피터의 가르침을 받았던 피터의 제자 코트샬크(Gottschalk)는 레겐스버그에서 살고있던 모든 유대인들을 처형하였다. 그리고 이때부터 무려 900여 년 동안 유대인들은 계속해서 학살의 위협 속에서 그들의 생명을 부지하여왔다.

이러한 구원자 예수 그리스도를 빌미로 대량학살이 저질러진 배후에는 마귀가 있음이 분명하다. 예수 그리스도를 따른다는 예수 그리스도의 전령사들이 평강의 왕 예수의 민족인 유대인들을 죽였다는 것은 그리스도의 사랑의 복음에 대한 명백한 위반이라고 아니

할 수 없다.

이 일이 있고 나서 수 백년간 유대인들은 사람들에게 강탈당하여 왔다. 그리고 심지어는 세례 받지 않은 유대인을 제외하고는 유대인 집단 촌락의 유대인 모두가 한번에 학살당하는 일도 일어났다.

클레어벅스의 버나드 (Bernard of Clairveaux)를 위시한 양식이 있는 여러 사람들은 구교 기독교인들의 유대인들에 대한 이러한 비인간적인 처사에 대항하여 이들의 잘못을 시정하려고 하였으나 별반 효과를 거두지 못하였다.

유대인들에 대한 핍박은 로마 카톨릭교회에만 국한 된 것은 아니었다. 천 오백 년 경에 일어난 종교개혁으로 시작된 프로테스탄트들도 그들 나름대로의 그럴듯한 신학을 만들어 내어 유대인들에 대한 핍박을 계속하였다.

그리고 그 후에 급기야는 독일 나치 정부에 의해 가장 잔혹한 행위가 유대인들에게 가해졌다. 나치 정부에 의해 유대인들이 무차별 학살당하는 와중에서도 살아남은 유대인들이 있다.

이들은 비록 목숨은 부지하였을지 모르지만 이들이 받은 상처는 글로 다 표현 하기 힘들 정도이다. 그 결과 유대인들에게 있어서 기독교는 구원의 종교가 아니라 그들의 생명과 영혼을 빼앗아 가는 살인의 종교로 각인되었다.

이러한 유대인들에 대한 무차별한 살상의 역사 속에서도 양식이 있는 기독교인들은 알게 모르게 유대인들을 숨겨주고 도와 주었다. 그렇게 하였기에 현재 유대인들 중에는 기독교에 대해 우호적인 태도를 취하고 있는 무리들이 조금이라도 있게 되었다.

우리 그리스도인들이 기독교에 의해 상처받은 유대인들을 복음화 시키기 위해서는 복음 제시 그 자체보다는 그들에게 계속적인 사랑과 관심을 보여주는 것이 더 필요하다. 그러므로 교회는 마땅히 이 마지막 때에 유대인들에 대한 각별한 사랑과 관심을 보여줌으로서 기독교에 의해 상처받은 그들을 치료하여야만 한다.

7. 십자군과 콜론

1096년 4월 말 경에 피터와 그 수하의 제1차 십자군 군대가 콜론을 출발하여 같은 해 8월 1일 콘스탄티노플에 도착하였다. 그러나 여자들과 어린아이들이 포함된 제대로 훈련받지 못한 십자군들에 의해 행해진 약탈 및 충분치 못한 식량으로 인해 많은 십자군들

제1부 지옥의 문과 천국의 문

이 십자군 진영에서 이탈하기 시작하였다.

그리고 십자군들이 그간 저지른 만행으로 인해 비기독교인들 뿐 아니라 심지어 기독교인들까지 십자군에게 등을 돌리기 시작하였다.

이들 제1차 십자군들 정말로 오합지졸 그 자체였다. 그래서 십자군 총 지휘 본부는 훈련받은 기사들이 합류할 때까지 콘스탄티노플에서 좀더 머무르기로 결정하였다.

그러나 지역 주민들과 십자군과의 마찰이 심각한 수준까지 이르자 십자군 총 지휘 본부는 가능한 한 빨리 콘스탄티 노플에서 십자군을 철수하기로 결정하였다.

그래서 십자군은 그 해 10월 21일 콘스탄티노플을 떠났다. 그러나 이들은 콘스탄티노플을 떠난 지 얼마 후 씨비톳에서 투르크 족의 공격을 받아 많은 피해를 보았다. 이때 여자와 어린아이를 포함하여 삼 만명에 이르는 십자군이 죽임을 당하였던 것으로 알려지고 있다. 단지 피터와 몇몇의 기사들만이 탈출에 성공하여 콘스탄티노플로 간신히 되돌아 올 수 있었다.

로트링겐의 아랫 영역을 통치하고 있던 고트프리드는 피터가 콘스탄티노플에 도망할 즈음인 1096년에 육십만의 대군을 이끌고 로트링겐을 떠나 수주만에 라인과 다뉴브를 지나 크리스마스 날 콘스탄티노플에

입성하였다.

그리고 이 때 콘스탄티노플에 피신해 있던 피터는 코트프리드의 군대에 합류하여 "농민의 군대"(Farmer's Army)라고 명명된 이 군대의 수장을 맡게되었다.

그리고 그 다음해인 1097년 4월 말에 이 새로 정비된 십자군들은 콘스탄티노플 근처의 펠레카눔을 출발하였다. 그리고 출정한지 6개월 째인 그 해 시월 보스포로스를 건너 안디옥을 포위하였다.

그리고 팔 개월 후인 그 이듬해 6월 3일 안디옥은 이들 십자군에 의해 함락되었다.

8. 승리 속의 패배

1099년 1월 13일 이 십자군은 예루살렘을 향해 진격하였고 6월 7일 예루살렘을 포위하였다.

그리고 7월 15일 금요일에 하나님의 거룩한 도시 예루살렘은 이들에 의해 함락되었다. 인간의 눈으로 보면 패배인 사건이 하나님의 관점에서 보면 승리인 경우가 있다는 사실을 성경은 명백히 해 주고 있다.

그 대표적인 예가 바로 예수 그리스도의 십자가상

의 죽음이다. 십자군이라는 기독교도들에 의해 예루살렘이 함락된 이 사건은 인간의 눈에서 보면 명백한 기독교의 승리일 것이다. 그러나 하나님께서는 이를 교회의 처절한 패배로 간주하셨다.

십자군들이 예루살렘을 점령하기 전에 모슬렘이 예루살렘을 장악한 후 통치하고 있었다.

모슬렘 출신의 예루살렘 통치자는 예루살렘 내에 살고있는 기독교도들과 유대인들에 대해 우호적이었다. 그래서 예루살렘에 거주하는 사람들에게는 어느 정도 종교의 자유와 이동의 자유가 주어져서 누구나 비교적 자유롭게 자신이 원하는 곳에 가서 자신이 원하는 방식으로 하나님에게 경배 할 수가 있었다.

그리고 예루살렘의 모슬렘 통치자는 예루살렘 성이 십자군에 의해 포위되었을 때에도 예루살렘 내에 거주하는 기독교인들이 심지어는 성을 포위하고 있는 십자군에게로 갈 수 있도록 까지 해 주었다.

그리고 예루살렘의 모슬렘 통치자는 자신들이 기독교도들에게 아량을 베풀어 주었듯이 설혹 십자군에 의해 예루살렘이 함락된다고 하더라도 십자군은 그곳에 머물고 있는 모슬렘 군인들과 주민들에 대해 동일한 아량을 베풀 것으로 생각하고 있었다. 그러나 이것은 크나큰 판단 착오였다.

마귀의 책략과 교회의 승리

 예루살렘을 점령한 십자군들은 예루살렘에 큰 기독교 깃발을 세워놓고 그 깃발이 세운 장소에 오는 유대인들과 모슬렘들만은 살려주겠다고 선포하였다. 그러나 십자군들은 그들의 약속과는 달리 이 깃발 아래에 모인 사람들을 무참히 학살하였다. 그러자 이를 본 유대인들이 회당으로 피신하였다. 그러자 십자군들은 회당들과 건물들을 샅샅이 뒤졌고 찾아낸 수많은 비기독교인들을 처참하게 살해하였다.

 그 후 승리에 도취된 십자군들은 하나같이 온몸에 학살의 피를 묻힌 채 예수의 무덤 앞에 모여, 자신들에게 대승리를 안겨준 예수 그리스도에게 감격의 눈물을 흘려가며 찬양하였다. 그리고 이때의 대학살로 인해 무려 오만명의 사라센인 (십자군 시대의 아라비아 출신의 모슬렘들을 일컫는 말: 역자 주)들이 십자군에 의해 무참히 죽임을 당하였다.

 이 대량학살의 선동자이며 제 일대 예루살렘 기독교 군주인 부일리온의 고트프리드는 그 이듬해인 1100년 7월 18일 사망하였다. 그리고 그의 뒤를 이어 발두인 1세 (King Balduin I)가 예루살렘 기독교 왕국의 왕이 되었다.

 그리고 이 예루살렘 왕국은 87년 간 존속한 후 살라딘 (Saladin)이라는 모슬렘 왕에 의해 다시 점령되었다. 그리고 그 후 200여 년에 걸쳐 십자군들은 예루살렘을 탈환하기 위하여 여러 차례 공격을 시도하였으나 한번도 제대로 된 성공을 거두지 못하였다.

십자군에 의한 예루살렘 대학살의 소식을 전해들은 많은 교회의 지도자들이 십자군의 잔혹 행위에 대해 소스라치게 놀랐고 십자군에 대해 식상하기 시작하였다. 그리고 그들은 대량학살의 책임을 십자군 관계자들이 져야한다며 들고일어났다.

그러나 모든 십자군들이 다 잔악한 것은 아니었다. 그들 중 어떤 십자군들은 예루살렘을 탈환함으로 예수의 이름을 온 땅에 드높여야 한다는 진지하고도 고상한 신념을 가지고 예루살렘을 공격하기도 하였다.

그러나 아무리 고상한 의도를 가지고 어떤 일을 수행한다고 할지라도, 일의 수행 과정에서 성령의 열매를 보이지 않으면 그 일은 악한 일에 불과할 뿐이다.

십자군이 활동하였던 기간동안 이들은 이 세상에서 가장 추악하고 악랄한 힘과 그럴듯한 철학을 과시하였다. 그리고 그 결과 이제까지 수백만 아니 수천만의 사람들이 기독교의 복음을 거부하였다.

십자군들이 잘한다고 했던 짓들이 지금은 복음의 크나큰 장벽이 되어 수많은 사람들이 하나님의 빛의 나라로 들어오는 것을 방해하고 있는 것이다.

이것은 바로 기독교가 마귀의 속임수에 걸려든 결과이다. 이 것은 바로 이 세상의 신이 기독교인들을 미혹하여 저지른 하나님에 대한 대규모 반란 이라는 말이다. 오늘날 교회는 이러한 십자군들이 저질렀던 과거의 잘못을 숨기려고만 하지말고 백일하에 들어내어 사람과 하나님 앞에 용서를 빌므로 말미암아, 현대 지상 최대의 기독교 복음 불모지인 이슬람 국가들과 유대인들에게 복음이 잘 먹혀들어 가도록 해야 할 것이다.

9. 공산주의에 대한 영적인 조사

1164년 7월 23일 다셀의 대주교인 레이 날드(Reinald)가 프리드리히스 바바로사(priedrichs Barbarossa) 황제가 콜론의 대주교에게 주는 세 명의 현인들의 유골을 가지고 콜론에 도착하였다.

그리고 1181년에 이 세 현자들의 유골을 담기 위한 금으로 만든 상자가 만들어졌다.

지금도 콜론에 가면 이 금으로 만든 관처럼 생긴 상자를 볼 수가 있다. 그리고 1181년 이후 수많은 서방 세계의 순례자들이 이 유골과 금 상자에 경배하기 위하여 콜

제1부 지옥의 문과 천국의 문

론을 찾아왔다.

 콜론을 찾아오는 순례자들의 수가 매년 증대하자 이 금 상자가 놓여있는 자리에 커다란 성당이 지어져야 한다는 의견이 비등해졌다.

 그 결과 이 세 명의 현인들을 기념하여 1248년 8월 15일에 콜론의 금상자가 있는 자리에는 콜론 성당이라고 이름지어질 대성당의 세우기 위한 공사가 시작되었다.

 이 콜론 대성당은 오랜 기간에 걸쳐 공사가 진행되었다. 콜론 대성당의 건설을 위한 첫 삽을 뜬지 삼 백년이 지난 어느 날 공사가 갑자기 중단되었다.

 이 대 공사에 관련된 이야기 중에는 이 공사의 감독자가 이 공사를 제대로 끝마치기 위하여 귀신과 계약을 맺었다는 이야기가 전해지고 있다.

 이 계약은 콜론 대성당이 지어지기 위해서는 대성당의 완공 전에 콜론에 물을 끌어오는 수로가 반드시 트리에 (City of Trier)라는 도시로부터 시작되어져야 한다는 마귀와의 약조였다. 하나님의 보좌로부터 생명의 강이라는 사람들에게 축복을 가져다

 주는 강이 시작되는 것을 잘 아는 마귀가 자신의 권좌가 있는 트리에라는 도시로부터 마귀의 기운이 콜론이라는 곳으로 스며들게 하도록 함으로 콜론을 악

의 도시가 되게 하려는 의도였던 것이다.

이 수로의 건설로 인해 죽음의 강이 정말로 콜론으로 흘러 들어갔다. 그 결과 콜론이라는 도시에 의해 이십세기에만 일억 명이 넘은 인간들이 죽임을 당하는 일이 일어났다.

1560년에 콜론 대성당의 공사가 중단되고 나서 1842년이 되어서야 중단되었던 공사가 재개되었다.

그 후 사회주의의 창시자요 역사상 가장 강력한 무신론적 이론을 체계화한 칼 막스 (Karl Marx)가 이 마귀의 권좌가 있는 트리에라는 도시에서 1818년 출생하였다.

그리고 그 후 칼 막스는 1842년 트리에에서 콜론으로 자신의 거처를 옮겼다. 그러자 바로 그 해에 콜론 대성당의 공사가 재개되는 일이 일어났다. 그리고 콜론 대성당은 1880년에 마침내 완공되었다. 마귀와 약조한 콜론 대성당이 완공되기 전에 반드시 트리에에서 나오는 수로가 콜론으로 이어져야 한다는 것은 바로 트리에 출신의 칼 막스가 자신의 거처를 콜론으로 옮긴 것을 의미하였던 것이다.

칼 막스가 트리에에서 콜론으로 자신의 거처를 옮기자 마귀는 성당 공사 총감독과 오래 전에 맺었던 약조를 지켰고 그 결과 1880년에 바로 콜론 대성당이 완공되었던 것이다.

1842년부터 1843년까지 칼 막스는 콜론에서 라이니쉐 짜이퉁 (Rheinishe Zeitung) 신문의 편집장 일을 맡아보았다. 그리고 그는 1848년에 동 신문의 발행인이 되었다. 그 후 그는 동 신문에 공산당 선언문 (The Communist Manifesto)을 기고하였다.

그리고 1849년 5월 6일 칼 막스는 자신의 공산당 신조가 담긴 전단지를 콜론 시의 커쩨니히 홀(Gurzenich Hall)에 운집한 군중들에게 배포하였다.

그리고 이 사건을 계기로 칼 막스와 프리드리히 엥겔스가 주도하는 공산당 운동이 비로소 그 서막을 올리기 시작하였다.

그리고 콜론에서 시작된 사악한 공산당 운동에는 페르디나드 라싸일 (Ferdidnad Lassaile), 안드레아스 코트샬크 (Andreas Gottschalk)와 마틸드 프란찌스카 아네케 (Matthilde Franziska Anneke)와 같은 지도자들이 동참하였다.

10. 지옥의 문들 잠그기

교회를 핍박하기 시작한 첫 로마 황제 네로로부터

시작하여 십자군에 의한 유대인의 대량학살 및 공산주의의 발생에 이르기까지 콜론이라는 도시는 인류 역사상 가장 사악한 사건들을 잉태하는 배후 도시가 되었다. 그러나 하나님은 이로 인한 악한 의도들에 대항하는 더 큰 계획을 가지고 계셨다. 하나님의 빛은 그 어떤 강한 어두움도 이기신다. 이는 암실에 빛을 비추면 암실을 장악하고 있던 어두움은 그 힘을 잃고 사라져버리는 것과 같은 이치이다. 하나님의 콜론에 원대한 계획은 그 사악한 사건들의 온상이었던 콜론에 자신의 빛을 비추어 자신의 구원과 복음의 능력에 대한 심오함을 사람들에게 나타내려는 계획이었다. 이러한 하나님의 계획은 하나님의 의로운 십자군들이 이제는 육의 무기가 아닌 영적인 무기를 가지고 콜론을 비롯한 독일 지역에서 빛의 용사들로서 일어나도록 하는 것이었던 것이다. 앞으로 이 하나님의 의로운 군대들은 파괴와 죽음으로 얼룩졌던 도시와 지역들에 치유와 생명을 가져다가 놓았고 앞으로도 계속해서 가져다 놓을 것이다. 하나님은 항상 선으로 악을 이기시는 분이시다.

콜론의 대성당이 완공을 향해 가는 즈음 콜론에는 많은 사람들에 의해 시온주의 운동 (Zionism)의 주창자로 칭송 받고 있는 로버트 블룸 (Robert Blum)

과 모세스 헤스 (Moses Hess)라는 사람이 나타나 활동하기 시작하였다. 이러한 사실은 하나님의 계획이 원대함을 잘 말해주고 있다. 마귀들은 하나님의 밭에 가라지를 뿌려 하나님의 밭을 다 망쳐놓고자 한다. 그러나 하나님께서는 가라지만 자라고있는 쓸모 없는 땅에 하나님의 씨들을 뿌려 더러워진 땅을 다시 하나님의 땅으로 회복시키신다. 그래서 유대인들에 대한 무차별 학살을 잉태한 콜론은 하나님의 계획에 의해 세계 각처에 흩어져 살고있던 유대인들이 이스라엘을 다시 건국하도록 하는 시온주의 운동을 잉태한 도시가 된 것이다.

1922년에 통용된 독일의 화폐.

화폐의 뒷면으로 콜론 대성당의 총감독이 귀신과 약조를 하는 장면이 그려져있다. 그리고 그 그림 상단에는 "콜론 시를 위한 긴급 화폐"라는 글이 적혀있다. 그리고 그 그림의 밑에는 "성전 (dome)의 감독 (master)과 귀신"이라는 글귀가 적혀있다.

화폐의 전면 부분으로, 위쪽에 "1922년 콜론 시"라고 적혀있고 그 아래로 연속하여 "50 페니에 해당하는 가치가 있음"이라는 말과 "이 유가증권은 콜론시 전역에서 현찰로 사용될 수 있다. 이 화폐는 1922년 8월 15일까지만 그 효력을 발휘한다. 이 유가증권에 대한 모든 책임은 콜론 시가 진다."라고 적혀있다.

모세스 헤스는 칼 막스의 뒤를 이어 라이니쉐 짜이퉁 신문의 편집인으로 활동하였던 인물로서 1860년대에 "로마와 예루살렘에 대한 마지막 질문"(Rome and Jerusalem- the Final Question of Natonality)이라는 소책자를 발간하였던 사람이다.

그 후 1891년에 시온주의 운동을 제창한 삼인 중의 한 사람인 콜론의 보덴하이머 (Bodenheimer)박사는 장차 이스라엘의 건국에 대한 예언적 시를 발표하였다. 그리고 쎄오도레 헤질 (Theodore Herzl) 박사는 유대인의 나라 (The Jewish State)라는 책을 1896년에 발표하여 세상을 놀라게 하였다.

그리고 그 책이 발간된 해인 1896년에 보덴하이머 박사는 헤질 박사와 서신으로 서로 교제를 하기 시작하였다. 그러자 콜론이라는 도시는 시온주의 운동의 근거지로 그리고 유대 나라의 건립의 전초기지로서의 세계적 명성을 얻어나가기 시작하였다.

그리고 이러한 노력의 결과 이스라엘의 재건을 위하여 팔레스타인 지역의 땅들을 매입하는 일들이 시작되었다. 1904년 헤질 박사가 사망하자 콜론의 데이빗 울프선 (David Wolfsohn)이라는 사람은 헤질 박사의 뒤를 이어 시온주의 운동의 총수로서 콜론을 본거지로 왕성하게 활동하였다.

그 후 울프선이 사망하고 보덴하이머 박사가 시온주의 운동에서 은퇴를 하자 와이즈만 (Weizmann)이 이들의 뒤를 이어 시온주의 운동의 수장으로 이스라엘의 재건을 위하여 활동하게 되었다.

와이즈만은 시온주의 운동의 최고 지도자가 되자, 시온주의 운동본부를 콜론에서 영국의 런던으로 옮겼다.

그런데 시온주의 운동 본부가 런던으로 옮겨가자, 신기하게도 프러시아 정부에 의해 쫓겨나게 된 칼 막스도 자신의 공산당 운동 본거지를 런던으로 옮겼다.

와이즈만과 칼 막스가 그들의 운동 본부들을 콜론에서 런던으로 옮기기 전 약 오백 년 전에 윌리암 틴데일 (William Tyndale)이라는 영국의 유명한 종교 개혁가는 영국 정부에 의해 쫓겨나서 자신의 활동무대를 런던에서 콜론으로 옮긴 적이 있었다. 콜론으로 옮긴 윌리암 틴데일은, 성경을 쉬운 언어로 역사상 최초로 번역한 후 사람들로부터 "개혁의 새벽 별"(The Morningstar of the Reformation)이라고 불려지게 된 그의 첫 번역본 성경을 콜론에서 출간하였다.

제 2 부

천국과 지옥의 격돌

"서방에서 여호와의 이름을 두려워하겠고 해 돋는 편에서 그의 영광을 두려워할 것은 여호와께서 그 기운에 몰려 급히 흐르는 하수같이 오실 것임이로다" 라는 말이 이사야서 59:19에 나와있다. 하나님을 대적하는 무리가 홍수처럼 몰려올 때 하나님께서는 이에 대항하여 일어나신다.

하나님께서 일어나실 때 그분은 교회에 속한 사람을 택하신 후 이들에게 악한 영에게 대항할 만한 영권을 주셔서 악한 세력에 대항하도록 하신다.

사단의 자리가 있어 과거 수세기 동안 최고의 사악한 일들이 행해진 지역에서 하나님의 은혜와 자비는 그간의 죄악을 상쇄하고도 남을 만큼 풍성하게 흘러

넘치는 것이다.

욥기에 등장하는 욥은 바로 이러한 하나님의 풍성한 되돌리심을 경험한 성경의 대표적 인물이다.

욥기에는 하나님께서 사단이 욥의 목숨을 건드리지 않는 조건으로 욥에 대한 사단의 공격을 허락하시는 것으로 기록되어있다.

이와 마찬가지로 사탄은 하나님의 허락 하에 교회를 완전히 멸하지는 않는다는 조건 하에 교회를 마음대로 공격하도록 허락 받았다.

욥이 결국에는 하나님으로부터 배의 축복을 받았듯이 교회도 이와 마찬가지로 마귀의 공격이 아무리 지독하더라도 하나님으로부터 배의 축복을 반드시 받아낼 것이다.

모세는 "하나님께서 진노하셔서 이스라엘 백성을 애굽 광야에서 전멸시키신다면, 이방 나라들이 이스라엘의 하나님을 자신의 백성들을 출애굽시킬 능력은 있어도 가나안 복지에는 데려 갈 능력이 없는 무능한 하나님이라고 비웃을 것이므로, 제발 이스라엘 백성들을 멸하지 말아주십시오."라고 눈물로 하나님께 기도하였다.

그 결과 하나님의 마음이 돌아서서 애굽 광야에서 이스라엘 백성들이 전멸되지 않았다. 그렇다. 마귀는 교회에 대해 우리가 믿는 하나님은 우리를 죄악에서 구해냈을 지는 모르지만 우리를 변화시킬 수는 없는 존재라며 우리를 미혹하고 있다.

그러나 이러한 마귀의 거짓말에 속지 말자. 그 어떤 악한 일들이 교회에 일어나더라도 욥의 최후를 생각하며 견디어 내자.

하나님께서는 그리스도를 통하여 이 땅에 세우신 교회가 종국에는 승리하게되도록 하시며 이 승리를 만 천하 피조물들에게 보여줄 것이다.

하나님은 우리를 구원하실 뿐 아니라, 구원하신 우리를 변화시키신 후 약속의 땅에 들어가게 하실 수 있는 능력의 하나님이신 것이다.

우리도 욥처럼 고난이라는 혼란의 시기를 겪을 수가 얼마든지 있다. 그러나 이러한 시련 가운데서도 우리가 하나님께 대해서 계속 신실하다면 우리는 하나님의 축복이 그전 보다 배나 있는 곳에 반드시 다다를 것이다. 시련과 혼란의 시기인 지금 이 때에 교회는 교회를 고소하고 핍박하는 자들을 위해 기도함으로서 하나님의 교회를 향한 배의 축복을 반드시 받아 내어야한다.

제 2 부 천국과 지옥의 격돌

1. 과거를 뒤돌아보아야 하는 이유

많은 사람들은 교회가 십자군 운동과 같은 것을 통하여 세상에 저지른 과거의 범죄들을 다시 상고해 보았자 세상과 교회에 별 도움될 일이 없다는 주장을 펴고 있다.

그러나 그렇지 않다. 과거를 철저히 반성할 때에 미래에 실수할 확률이 오히려 현저히 줄어든다. 교회가 십자가 운동을 철저히 회개했더라면 나치 치하에서 교회가 유대인 대량학살에 동조하는 이론을 펴지 않았을 것이다.

세상이 교회가 정치와 손을 잡는 것에 대해 심한 알레르기 반응을 일으키는 것은 이러한 연유에서이다.

교회의 세상 권력 상승은 피비린내로 항상 연결되었었기에 사람들은 교회가 정치적 권세를 누리는 것을 극구 반대한다는 사실을 교회는 간파하여, 이러한 과거 교회의 잘못에 대해 철저한 반성과 회개를 하여야한다.

나의 이러한 주장은 선한 목적으로 교회가 정치적인 권세에 개입하는 것도 반대한다는 말이 아님을 알아주기 바란다. 내 말은 우리 교회가 과거의 잘못을 철저히 반성하고 이에 대한 깊이 있는 이해를 하여야 다시는 교회가 저지른 잘못을 미래에 되풀이하지 않게 된다는 말인 것이다.

그동안 교회는 과거의 잘못을 계속 반복하여온 것이 사실이다. 흑암의 세력들은 우리의 믿음의 조상들이 교회에서 범한 동일한 잘못을 반복하도록 획책하고 있다. 교회는 이러한 마귀의 궤계를 간파하고 있어야한다. 이러한 마귀의 궤계에 대해 하나님께서는 교회에게 지옥의 문들의 빗장을 단단히 걸어 잠글 수 있는 지혜를 주신다.

2. 우리도 동일한 죄를 범하였다.

십자군이 저지른 만행만이 역사상 교회가 저지른 유일한 만행인 것은 아니다. 모슬렘의 정치 지도자들과 세상 정치 지도자들은 종교 재판이라는 미명 하에 기독교 지도자들이 보여준 것만큼 악랄한 만행을 보여주지는 않았었다.

이러한 과거사에 대해 일부 신교 사람들은 교회의 만행은 로마 카톨릭 교회에 의해 저질러진 것이다라고 변명하는 사람들이 있는 것이 사실이다. 그러나 신교의 역사에서도 이와 상응한 범죄가 여러 곳에서 발

제 2 부 천국과 지옥의 격돌

견되고 있다. 죄악의 규모 면에서 신교가 구교보다 떨어지는 것은 신교의 죄성이 구교보다 낮아서가 아니다. 단지 신교는 구교만큼 큰 정치적인 권세를 가져본 적이 아직까지는 없었기 때문이다.

나의 이러한 주장에 대해 복음주의자들은 우리는 카톨릭이나 프로테스탄트와는 다르다라고 항변하고 싶은 사람이 있을 것이다.

그러나 우리 복음주의자들도 그들과 동일한 죄를 저질렀고 현재 저지르고 있는 것이 역사적 사실이다.

우리 복음주의자들은 로마 카톨릭의 교황이라는 위치가 예수의 권세를 대신했다며 카톨릭의 교황제도를 비판하여왔다.

그러나 우리 수많은 복음주의의 교회 지도자들은 스스로 교회의 우두머리가 되어 조그만 교회에서 교황 행세를 하고 있다.

우리는 또한 구교의 마리아 숭배사상이 잘못되었다며 입에 거품을 품고 이에 대해 질타를 가하였다. 그러나 돌이켜보면 우리는 마리아는 숭배하지 않았을지 모르지만 그 대신 자신이 섬기고 있는 교회를 숭배하고 있다.

우리는 구교의 성인들에게 기도를 올리는 카톨릭이 잘못되었다고 성토하였다. 그러나 신교의 교인들은 교회의 목사들을 우상의 위치에 올려놓은 후 그들에게 자신들이 지은 죄를 중보해 달라고 우리의 죄를 그들에게 맡기는 실수를 범하고 있다.

우리 신교인들은 면죄부를 사기만 하면 자신들의 죄와 죽은 자들의 죄가 사해진다 라며 사람들을 미혹하여 수많은 부를 축적하였던 구교를 신랄하게 비판하였다.

그러나 우리는 어떤가? 지금까지 십 여 년에 걸쳐 라디오와 텔레비전을 켜기만 하면 기독교 방송프로그램에서는 거의 매일같이 자기들이 운영하고 있는 단체에게 헌금을 하기만 하면 하나님의 축복이 떨어질 것이라며 구교와 동일한 마귀적 방법으로 선한 성도들을 미혹하고 하나님의 은혜를 값싸게 팔아 비정상적인 부를 축적하고 있는 것이 사실이 아닌가? (이것은 미국 이야기임: 역자 주)

우리는 구교가 십자군을 앞세워 하나님의 영광과 그리스도의 이름으로 저지른 수많은 죄악에 대해 경악을 금치 못하였었다. 사실 이들의 정의로 포장되어진 죄악으로 인해 구원받은 사람들보다 주안에서의 삶을 거절한 사람이 더 많은 것이 사실이다.

십자군들은 구원의 심벌인 십자가라는 검을 쓴다는 명분으로 수많은 남녀노소들의 목숨을 끊었었다. 그러나 우리를 돌아보자. 우리는 하나님의 말씀의 검으로 사람들을 치유하고 구원하여야 함에도 불구하고 하나님의 말씀을 잘못 사용하여 많은 사람들에게 상처를 주고 그들의 영혼에 먹칠을 하여왔다.

3. 죽음의 수레바퀴는 멈추어져야한다.

"역사로부터 배우지 않는 자는 동일한 실수를 범한다"라는 옛 선현들의 말은 진리이다. 무엇보다도 교회의 역사가 이 말이 진리인 것을 증명해주고 있다. 과거 오랫동안 교회는 교회 내에서의 새로운 운동에 대해 적대적이어 왔다.

교회가 교회에 주어진 하나님의 새로운 운동에 대해 그런 식으로 부정적인 태도를 취한 것은 몇몇의 잘못된 신학자들을 통해 교회에 침투한 마귀의 신학을 교회가 받아들였기 때문이다.

이제 교회는 분연히 일어나 마귀가 교회에 들오게 한 지옥의 문들을 걸어 잠가야한다. 그러기 위해서는 교회가 이 신학자들의 잘못을 이해한 후 이들의 죄를 나의 죄로 생각하고 회개하여야 한다. 우리는 지금 교회의 과거의 잘못을 밝히 들어낸 후 동일시 회개를 하여야한다는 말이다. 만일 그렇게 하지 않고 이것은 우리의 잘못이 아니라며 발뺌을 한다면 우리는 조만간 그들이 범했던 죄를 다시금 저지르게 될 것이다.

성경의 두 인물 에스라와 느헤미아를 주목하여보자. 에스라와 느헤미아는 구약시대 이스라엘의 영적 부흥과 재건의 기수였다. 이들이 그러한 위대한 일을 잘 감당할 수 있었던 주된 이유는 바로 이들이 아비들의 죄를 회개하는 하나님의 부흥의 원칙을 잘 알고 이를 삶에 대대적으로 적용하였기 때문이다.

그들의 조상들의 죄가 후손들에게 대대에 걸쳐 유전된다는 성경적인 원칙을 에스라와 느헤미아는 잘 알고있었다 (출 20:5 참조).

하나님께서 조상이 지은 죄에 대해 그 책임을 자녀 세대들에게 묻기 위해 조상의 죄가 후손들에게 전해지는 것은 아니다. 단지 죄라는 것은 반드시 사람들에게 상처를 주는 속성을 지니고 있기 때문에 그런 것이다. 그리고 우리가 보통 믿고 있는 것처럼 시간이 약은 절대로 아니다.

상처 부위가 올바로 소독되고 붕대로 감겨지지 않는 한 상처 부위에 남은 세균은 언제라도 다시 자라나 상처가 재발하거나 균이 온몸에 퍼질 가능성이 있는 것이다. 처리되지 않은 사람들의 죄도 이와 동일한 속

제 2 부 천국과 지옥의 격돌

성을 지니고 있으므로 시간이 지나면 자연 치유된다는 말은 이치에 합당한 말이 아닌 것이다. 세균으로 인한 상처와 마찬가지로 죄로 인한 상처도 회개라는 소독약과 용서라는 붕대로 치유될 수 있으며 이때 십자가의 능력이 유감 없이 발휘되어 치유가 급속히 일어나는 것이다.

성경은 인간이 저지른 죄로 인해 죄를 저지른 사람들 뿐 아니라 죄가 행해진 지역의 땅도 더러워진다고 말하고 있다. 모세의 율법서에는 사람들의 범죄로 더러워진 지역을 정결케 하는 과정이 기록되어있다.

특히 사무엘하 21장에 보면 다윗 왕이 이스라엘을 통치하던 시절 그 땅에 삼 년에 걸쳐 극심한 기근이 도래한 것을 알 수 있다.

이에 다윗 왕은 왜 이 땅에 기근이 있는지를 하나님께 물어보았다. 다윗의 이러한 질문에 대해 하나님께서는 "여호와께서 가라사대 이는 사울과 피를 흘린 그 집을 인함이니 저가 기브온 사람을 죽였음이니라" (삼하 21:1) 라고 말씀하셨다.

이 말을 들은 다윗 왕은 기근의 원인이 이미 죽어 없고 자신과는 아무 혈연 관계가 없는 사울 왕이 저지른 범죄임에도 이를 돌이키기 위하여 기브온 족속을 찾아갔다. 그리고 그는 기브온 족속들의 이야기를 들은 후 그들의 원한을 풀어주기로 결정하였다.

그래서 그는 사울 왕의 생존하고 있는 아들들을 잡아 나무에 매달아 죽였다. 구약시대의 왕 다윗이 이렇게 한 것은 "눈에는 눈, 이에는 이"라는 죄 갚음의 구약 원칙을 성실히 준행함으로 땅에 임한 기근이라는 저주를 없애고자 함이었다.

지금 우리는 신약시대에 살고 있다. 그러므로 이제 우리는 구약의 율법 아래 있지 아니하고 은혜 아래에서 살고 있다. 예수 그리스도의 십자가가 교회가 저질러 왔던 극악한 죄를 포함한 이 세상의 모든 죄를 다 무르셨다.

그러나 그렇다고 해서 이 세상에 죄가 더 이상 나오지 않는 천국이 바로 된 것은 아니다. 아직도 인간이 범하고 있는 죄는 많은 땅들을 더럽히고 있는 중이다.

그리고 마귀는 예수의 피의 용서로 씻김 받지 않는 죄를 근거로 땅을 점령하여 활동하고 있는 것이다. 현재에 이미 더럽혀져 있는 땅들을 정결케 하기 위해서는 땅에 예수 십자가의 피가 발라져야한다. 예수의 피는 세상 모든 죄를 다 무르기에 충분한 피 이다.

예수의 피가 적셔지지 않은 땅들이 아직도 많이 있다. 이러한 땅에는 아직도 죄가 자손 삼사 대까지 미치고 있다. 고로 이 세상 각 곳에 예수 십자가의 피의

능력이 적용되어야하는 것이다.

4. 화해의 사역

목회자로서 또는 하나님의 종으로서 우리가 하여야 하는 사역은 이 세상 곳곳으로 나가서 아직도 죄악이 물러지지 않은 땅에 예수님의 십자가의 용서의 능력을 적용함으로써 사람과 사람들 사이 및 사람들과 하나님 사이를 화해케 하여야 하는 것이다.

이제 우리는 율법 아래 있지 아니하고 은혜 아래 있으므로 세상 각처로 나가 율법으로 원수갚는 것으로서가 아닌, 십자가의 은혜를 적용하는 것으로써 화해케 하는 사역을 하여야한다. 그렇게 하기 위해서는 어느 지역에 가든지 그 지역에서 저질러졌던 과거의 죄들을 조사하고 이를 십자가의 피로 무르는 작업이 필요한 것이다. 그래야 그 땅이 정결케 되어, 그 지역을 장악하고 있던 마귀의 힘이 없어진다.

그리고 그 결과 그 곳에 살고 있는 사람들이 예수의 복음을 쉽게 받아들이게되는 것이다.

십자가의 피로 한 지역의 죄를 무르기 위해서 가장 필요한 것은 화해의 사역을 담당하는 사람들의 겸손한 회개이다. 일반적으로 은혜란 값없이 받은 것이고 이해되어지고 있다. 그러나 나는 이것이 은혜에 대한 올바른 정의라고 생각하지는 않는다.

그러나 여기서 은혜에 대한 올바른 정의가 무엇인가를 놓고 장시간 할애하고 싶은 생각은 없다. 일단 은혜란 값없이 받는 것이라고 치고 나의 이야기를 계속 진행해보자. 하나님과 떨어져 있는 사람들은 이러한 사실을 깨닫고 다시 하나님과 가까워지기 위해서 하나님의 은혜를 간구해야된다.

성경은, "하나님이 교만한 자를 물리치시고 겸손한 자에게 은혜를 주신다 하였느니라" (약 4:6) 라고 기록하고 있다.

이 말은 우리가 하나님의 은혜를 받기 위해서 우리 쪽에서 해야 할 것은 바로 겸손이라는 말이다. 그렇다. 우리의 겸손이 하나님의 은혜를 우리와 우리 조상의 범죄함으로 더러워진 땅을 깨끗케 한다.

그렇게 되어야 하나님과 사람 사이에 그리고 사람과 사람 사이에 화해가 일어나는 것이다. 만일 "우리는 죄를 범하였던 우리 조상들과 같지 아니하다"라고 말하는 태도는 겸손이 아니라 거만이다. 이러한 태도로서는 땅을 정결하게 하고 사람들을 화해케 하는 사역을 절대로 할 수 없다. 타인의 죄, 조상들의 죄, 옛 사람들의 죄를 놓고 마치 자신의 죄인 것처럼 여기는 겸손한 자세의 동일시 회개가 하나님의 은혜의 강물을 이 땅에 끌어당기는 수로 역할을 하는 것이다.

성경은, "모든 사람이 죄를 범하였으매 하나님의 영광에 이르지 못하더니"(롬 3:23) 라고 선포하고 있다. 이 "모든 사람에" 나를 포함시키는 겸손의 자세를 통해서만 화해케 하는 사역을 온전히 감당할 수가 있다.

5. 진정한 겸손

진정한 겸손이란 한 마디로 말해서 하나님에게 의존적이 되는 것이다. 이러한 진정한 겸손이 우리를 하나님의 은혜 안에 머물러 있도록 하여준다. 진정한 겸손을 가지고 하나님의 은혜안 에 머물러서 살게된다면 우리의 영안이 밝아져 우리는 우리 앞에 놓인 장애들을 비로소 보기 시작한다.

그리고 우리는 우리가 진정으로 겸손치 않음으로 인하여 인생의 노중에서 우리 앞에 놓인 장애물들을 보지 못하고 걸려 넘어져 그 동안 얼마나 많은 어려움을 당하였는지가 깨달아지게된다. 우리가 만일 하나님에게 의존적이 되는 진정한 겸손을 통해 하나님의 은혜 안에서 사는 삶을 지속적으로 살아간다면 우리는 타인들의 죄와 조상들의 죄를 마치 자신의 죄처럼 여기고 남의 죄에 대해 참회의 눈물을 흘리게 되는 일이 일어난다.

다윗이 하나님에게 하나님께서 거하실 온전한 성전을 하나님께 지어드리겠노라고 말하였을 때 하나님께서는 다윗에게 다윗이 무고한 생명들의 피를 흘리는 죄를 범하였으므로 온전한 성전은 다윗의 아들인 솔로몬을 통하여 짓도록 하겠노라고 말씀하셨다.

하나님께서 거하시는 온전한 성전은 바로 예수 그리스도를 통하여 이루어진 온전한 나라의 예표이다.

그러기에 그 후 예수 그리스도께서는 이 땅에 오셔서 다른 사람들의 피가 아닌 자신의 피를 통해 온전한 구원을 이루셨다.

그러므로 솔로몬이 하나님의 온전한 성전을 완공하였을 때 하나님께서는 솔로몬에게 다음과 같은 약속의 말씀을 주셔서 앞으로 예수 그리스도의 나라가 다가올 것을 미리 말씀하신 것이다.

"혹 내가 하늘을 닫고 비를 내리지 아니하거나 혹 메뚜기로 토산을 먹게 하거나 혹 염병으로 내 백성 가운데 유행하게 할 때에 내 이름으로 일컫는 내 백성이

그 악한 길에서 떠나 스스로 겸비하고 기도하여 내 얼굴을 구하면 내가 하늘에서 듣고 그 죄를 사하고 그 땅을 고칠지라"(대하 7:13-14)

이제 이 말씀이 주어지고 나서부터는 모세의 율법에 따라 "이는 이로, 눈은 눈으로" 갚을 필요가 없어졌다. 이 말씀이 뜻하고 있는바 대로, 이제부터는 죄로 더러워진 땅을 치료하기 위해서 필요한 것은 각자가 스스로 겸손케 되어 악한 길에서 떠나 하나님의 얼굴을 구하는 것이다.

하나님께서는 이제부터는 우리가 그렇게만 하면 하나님께서 죄로 더렵혀진 땅을 치료해 주시겠다고 약속하셨다.

많은 그리스도인들이 하나님의 부흥을 너무도 사모하는 나머지 정사와 권세를 때려잡기 위해 혈안이 되어있다. 그러나 지역을 장악하고 있는 마귀는 내어쫓는다고 저절로 쫓겨나가는 것이 절대로 아니다.

그곳에서 범해진 죄악이 청소되어야 정사와 권세가 힘을 잃고 물러가는 것이다. 하나님의 백성들이 스스로 겸손케 되어 그곳의 죄악을 내가 범한 죄악으로 여기고 회개하는 일이 있기 전에는 그곳에 하나님의 부흥이 떨어질 수가 없다.

교회는 땅의 저주를 십자가의 피로 무르는 권세를

하나님으로 받았다. 그러므로 교회와 교회의 권속들은 이 권세를 겸손과 회개를 통해 마음껏 사용하여야 한다. 그래야 땅이 치유되고 하나님의 부흥이 도래한다.

이 땅의 모든 하나님의 피조물들은 자신들이 썩어짐의 종노릇하는 데에서 해방되어 하나님의 아들들이 누리는 영광스러운 자유함에 동참하기를 너무나도 바란다고 로마서 8장 19-21절은 말하고 있다. 땅들이 치유 받을 때 그 땅에 있는 피조물들이 하나님의 자녀들과 함께 기뻐하는 일이 일어나며 겸손한 회개를 통해 땅은 반드시 치유될 수가 있다.

6. 우리가 죄인입니다.

기독교회사를 연구하는 사람들은 그들이 카톨릭을 믿건 신교를 믿건 복음주의자이건 또는 어떤 교단에 속해있건 상관없이 교회가 저질러왔던 잘못에 대해 교회의 조상들을 비난하고 나서는 경향이 많다.

그리고 또한 그리스도인들은 대개의 경우 하나님의 새로운 영적 운동이 이 땅에 도래하면 이에 대해 깊은 헤아림은 없이 이 운동을 무조건 잘못된 것이라고 비

난하고 나서기가 십상이다. 그러나 이런 식의 비난은 우리를 하나님의 은혜가운데 머무르지 못하게 할 뿐이라는 사실을 우리는 자각하여야한다. 비난과 분별은 분명히 다르다. 교회가 하여야 할 것은 비난이 아니라 죄를 하나님의 진영에서 몰아내기 위해 죄를 식별해 낼 수 있는 올바른 분별인 것이다.

죄 없다고 할 사람은 이 세상에 아무도 없다. 인간은 예외 없이 다른 사람들이 자신을 알아주길 원한다.

인간은 누구나 영향력이 있고 권위를 가진 인물이 되길 원하며 어찌하던 간에 존경받는 자리에 앉기를 원한다. 만일 이러한 인간의 악한 속성이 우리 속에서 사라진다면 그것은 단지 하나님의 은혜가 우리에게 임했기 때문이다.

만약 어떤 사람이 자신 속에 있었던 이러한 속성들이 없어진 것을 발견하고 나서 자신이 이렇게 좋게 변한 것은 자신이 선한 존재이고 훌륭하고 잘난 존재이어서라고 생각한다면, 바로 그렇게 생각하는 순간에 그 사람은 하나님의 은혜에서 멀어지기 시작한다.

인간이 범하는 결정적인 실수는 타인이나 조상들의 죄를 보고 자신 같으면 그런 죄를 범하지 않았으리라고 생각함으로 말미암아 자신을 타인이나 조상들 보다 더 나은 사람으로 간주하는 실수이다.

우리는 교회가 저질렀던 과거의 죄나 현재의 죄를 그들의 죄라고 질시하는 대신에 그 죄가 바로 나와 우리의 죄라고 여기는 겸손을 지녀야한다.

우리가 교회의 과거 및 현재의 죄를 내 죄로 여기고 회개할 때만 우리는 교회의 선배들이 저지른 죄로 인해 우리에게 미치는 저주에서 건짐을 받을 수가 있다. 우리가 겸손한 심령을 가지고 동일시 회개를 하며 하나님의 얼굴을 구할 때 교회의 과거 죄들이 사하여져서 교회가 풍성한 하나님의 은혜 안으로 더 잘 들어갈 수 있는 것이다.

우리의 최초 조상인 아담의 타락에 의해 전 세계 사람들이 상처를 받았고 저주를 받았다. 주 예수 그리스도께서는 전혀 죄를 짓거나 가지고 계신 분이 아니시지만 인간이 지은 죄를 마치 자신이 지으신 듯 여기시고 동일시 회개의 최고봉에 서셔서 십자가에 죽임을 당하심으로 말미암아 제 삼자인 우리의 죄를 말끔히 없애주셨다.

그러므로 예수를 따라가는 우리도 그분과 같이 세상 도처에 횡행하고 있는 죄들이 우리의 죄로 인한 것으로 여겨, 겸손함 마음으로 그들의 죄를 회개를 함으로 말미암아 예수의 피가 세상 전역에 뿌려지도록 하는데 기꺼이 동참하여야 함이 마땅하다. 그렇게 할 때

제 2 부 천국과 지옥의 격돌

각 도시와 지역의 닫혀졌던 천국의 문들이 열려져 물이 바다 덮음같이 하나님의 영광이 이 땅을 덮는 일이 일어나게 되는 것이다.

정죄하고 비난하는 태도가 아니라 화해하고 회복시키려는 참 겸손의 마음으로 마귀가 사람과 지역을 장악한 통로와 입구의 문들을 조사할 때 하나님께서 역사하신다. 그러기에 우리 주님께서는 우리에게 다음과 같이 경고하셨다.

> 좁은 문으로 들어가라. 멸망으로 인도하는 문은 크고 그 길이 넓어 그리로 들어가는 자가 많고 생명으로 인도하는 문은 좁고 길이 협착하여 찾는 이가 적음이니라.
>
> 거짓 선지자들을 삼가라 양의 옷을 입고 너희에게 나아오나 속에는 노략질하는 이리라. 그의 열매로 그들을 알지니 가시나무에서 포도를, 또는 엉겅퀴에서 무화과를 따겠느냐?
>
> 이와 같이 좋은 나무마다 아름다운 열매를 맺고 못된 나무가 나쁜 열매를 맺나니, 좋은 나무가 나쁜 열매를 맺을 수 없고 못된 나무가 아름다운 열매를 맺을 수 없느니라.
>
> 아름다운 열매를 맺지 아니하는 나무마다 찍혀 불

에 던지우느니라.
이러므로 그의 열매로 그들을 알리라.(마 7:1320)

동일한 나무에서 선과 악이 동시에 나올 수 있느냐라는 심각한 질문을 한번 던져보자. 이 질문에 대한 답은 "그렇다"이다. 그 예는 에덴 동산에 있었던 선악과라는 나무에서 살펴볼 수 있다. 선악과는 선과 악을 알게 해주는 나무이다. 그러나 선악을 알게 해주는 나무에서 선한 열매와 악한 열매가 동시에 맺힐 수는 절대로 없다. 역사상 교회가 범한 최대의 실수는 선악을 알게 하는 나무에서 나오는 선한 지식은 동일한 나무에서 나오는 악한 지식만큼 악하다는 진리를 놓친 데에 기인한다. 선악과에 있는 선의 지식과 악의 지식의 뿌리는 같은 뿌리이다. 그러므로 선악과라는 나무에서 열리는 모든 열매는 악한 열매일 수밖에 없다. 사람들의 눈에는 보기에 좋은 열매라고 하더라도 선악과에서 열리는 열매는 악한 열매라는 말이다. 인간의 모든 선함은 인간의 악 만큼 강한 독성을 가지고 있다.

선악과에서 나오는 것은 선처럼 보여도 악할 뿐이라는 사실을 우리가 철저히 깨닫고 이해한다면, 우리는 이제 선을 가장하고 인간을 속여왔던 죽음을 직시

하고 이를 제거하는 작업을 수행할 수 있게된다. 모든 그리스도인들이 하나님의 것과 선하게 보이는 것을 구별할 수 있다면 얼마나 좋을까? 인간이 보기에 선한 것은 죽음을 주지만 하나님것은 생명을 주신다는 사실을 잊지 말자.

선악과가 주는 심오한 진리에 대한 심도있는 고찰을 원하는 사람은 나의 저서 "동산 위의 두 나무"(There Were Two Trees In The Garden)라는 책을 참고하기 바란다.

그러므로 나는 이 선악과에 대한 이야기는 이제 예수님의 다음과 같은 말을 인용하는 선상에서 멈출 것이다.

> 나더러 주여 주여 하는 자마다 천국에 다 들어갈 것이 아니요 다만 하늘에 계신 내 아버지의 뜻대로 행하는 자라야 들어가리라.
> 그 날에 많은 사람이 나더러 이르되 주여 주여 우리가 주의 이름으로 선지자 노릇 하며 주의 이름으로 귀신을 쫓아내며 주의 이름으로 많은 권능을 행치 아니하였나이까 하리니
> 그 때에 내가 저희에게 밝히 말하되 내가 너희를 도무지 알지 못하니 불법을 행하는 자들아 내게서

떠나가라 하리라. (마 7:21-23)

예수님께서 말씀하신 위에서 인용된 말씀으로 다음과 같은 놀라운 사실들을 알 수가 있다.

첫째로, 우리가 예수님을 "주여"라고 부른다고 해서 우리가 천국에 들어간다는 보장을 받는다는 것은 아니라는 사실이다.

둘째로, 우리가 주의 이름을 사용하여 아무리 위대한 사역을 펼친다하더라도 만일 우리가 불법을 행하였다면 천국에 들어가지 못한다는 사실이다.

이러한 주님의 경고는 마태복음 24장 5절의 "많은 사람이 내 이름으로 와서 이르되 나는 그리스도라 하여 많은 사람을 미혹케 하리라."라는 말씀과 일맥 상통하는 바가 있다.

예수님의 이 말씀은 많은 마지막 때에 자칭 그리스도라는 사람들이 많이 나타나 사람들을 미혹할 것이라는 사실을 사람들에게 알게 하기 위하여 설교자들이 자유 인용하는 말이다.

그러나 이 말씀이 진정으로 의미하는 바는 많은 사람들이 "주의 이름"을 사용하여 "그가 (예수가) 그리스도다"라고 주장하지만 그런 사람들 가운데 적지 않은 사람들이 사람들을 잘못된 길로 인도한다는 말이다.

제 2 부 천국과 지옥의 격돌

　기독교의 역사가 예수님의 이 말씀이 참인 것을 증거하고 있다. 교회 역사상 수많은 교회 지도자들이 나타나서 "십자가에 달리신 분이 바로 우리의 그리스도입니다."라고 외쳤지만 이러한 외침을 외쳤던 사람들이 또한 수많은 사람들을 잘못된 길로 인도하였던 것이다.

　하나님의 계획에 의해 이 세상에 심겨진 하나님의 교회라는 나무에서 과거에 어떻게 선한 열매가 나오고 또한 악한 열매가 열리게 될 수 있었는지에 대한 질문의 해답을 풀어보자.

　먼저, 우리는 교회를 하나님께서 심으신 한 그루의 나무라는 관점보다는 교회가 "하나님의 밭" (고전 3:9)이라는 관점에서 이해해야 이 질문에 쉽게 답할 수가 있다. 그 동안 하나님의 밭이란 교회에 수많은 신학의 나무들이 심겨져왔다. 어떤 신학은 좋은 나무이고 어떤 신학은 나쁜 나무였다.

　어떤 신학은 교회에 생명을 주었고, 어떤 신학은 교회라는 밭은 더럽히고 사람들에게 죽음을 가져다 주었다. 이러한 이유에서 주님께서도 농부가 씨앗을 뿌린 (교회라는) 밭에 가라지가 자라난다고 말씀하셨고 이 가라지는 흑암의 세력이 뿌린 씨라고 말씀하셨다.

　교회가 겪은 최대의 비극적인 실수는 교회 지도자

들이 악한 신학과 신조들을 선한 신학과 신조로 잘못 인식하여 왔다는 실수이다. 성경이라는 잣대를 놓고 보기만 한다면 옳은 신학인지 아닌지를 쉽게 알 수 있다라고 생각하려는 경향이 우리에게 있다.

그러나 성경적으로 놓고 볼 때에 전혀 하자가 없는 신학이 교회를 죽여온 것이 역사적인 현실인 것을 누가 과연 잘 설명할 수 있을 것인가?

마귀도 성경을 잘 꿰고 있어서 사십일 굶은 예수를 말씀으로 유혹하지 않았던가? 이러한 함정을 너무도 잘 간파하고 있었던 그리스도 예수님이셨기에 그는 우리에게 성경으로서가 아닌 열매로서 하나님의 사람인지 아닌 지를 알 수 있노라고 말씀하신 것이 아닌가?

7. 악의 뿌리

이 책에서 이미 다루었던 십자군에 의한 죄악을 포함하여 역사상 교회를 가장 많이 병들게 했던 잘못된 신조는 바로 힘과 능만 있으면 하나님의 목적을 이룰 수 있다라는 잘못된 신조이다. 이러한 마귀로부터 온 사악한 속임의 신조는 아직도 수많은 개 교회들을 좀

먹고 있다. 스가랴 선지자는 이러한 잘못된 신조에 대항하여, "만군의 여호와께서 말씀하시되 이는 힘으로 되지 아니하며 능으로 되지 아니하고 오직 나의 신으로 되느니라."(슥 4:6) 라는 하나님의 말씀을 세상에 전하였다.

위에 기록된 말씀 중에 나온 "만군의 여호와"라는 구절에 우리의 시선을 잠시 가져가 보자. 성경에서는 하나님에 대한 칭호가 여럿이 나오며 상황에 따라 하나님에 대한 칭호들이 달리 사용되고 있다.

하나님에 대한 여러 가지 호칭들 중에 하나님께서는 자신을 만주의 주 또는 만군의 주 또는 만군의 여호와라고 불러지시기를 원하신다.

위의 스가랴서 4장 6절에서는 하나님을 만군의 여호와라고 칭하고 있다. 만군의 주 또는 만군의 여호와라는 말이 무슨 말인가? 이 말은 바로 수많은 하나님의 군대들의 총 사령관이라는 말이다.

하나님의 군대는 총과 칼을 사용하거나 세상의 군사력이나 정치권력을 사용하는 군대가 아니다.

하나님의 군대는 가장 강력한 진리의 성령을 무기로 사용하는 군대이다. 성령의 기름 부음 하에서 나온 진리의 말씀들이 이 세상의 모든 무기들을 이기고 남을 힘이 있다.

그러한 세상의 모든 권세와 무기들을 이기고도 남을 성령의 무기들을 하나님께서는 믿는 자들에게 주셨다. 그런데도 불구하고 교회가 힘을 쓰지 못하는 이유는 교회가 이 무기를 사용하지 않거나 잘못 사용하고 있다는 데에 있다. 그러기에 사도바울은 다음과 같은 경고의 말을 교회에게 던진 바 있다.

> 우리가 육체에 있어 행하나 육체대로 싸우지 아니하나니,
> 우리의 싸우는 병기는 육체에 속한 것이 아니요 오직 하나님 앞에서 견고한 진을 파하는 강력이라,
> 모든 이론을 파하며 하나님 아는 것을 대적하여 높아진 것을 다 파하고 모든 생각을 사로잡아 그리스도에게 복종케 하니
> 너희의 복종이 온전히 될 때에 모든 복종치 않는 것을 벌하려고 예비하는 중에 있노라 (고후 10:3-6)

하나님에 대한 우리의 복종이 온전히 될 때는 바로 우리가 성령에 온전히 순복하는 때요 우리의 육체를 의지하지 아니하고 하나님의 병기에 의존하여 악한 대적들과 싸울 때이다. 그렇게 될 때 우리의 싸움은 육체의 싸움이 아니게 되어 하나님에 대항하여 일어

제 2 부 천국과 지옥의 격돌

난 모든 불순종이란 대적을 어렵지 않게 물리 칠 수 있게된다.

교회는 사역에로 부름 받지 아니하였다. 교회는 그저 어린양 예수님께서 가시는 곳마다 졸졸 따라다니기만 하면 되는 것이다.

라오디게아 교회의 문제점이 무엇이었는지 아는가? 성령의 열매는 맺지 못하고 성령이 인치지 않은 어린양 예수와는 상관없는 일을 이것저것 잔뜩 벌려놓고, 예수를 따라가지 않고, 사역을 따라갔다는 것이 바로 라오디게아 교회의 문제였다.

그런데 오늘날 라오디게아 교회처럼 예수님은 따라가지 않고 사역을 따라가는 교회가 너무도 많다.

주님에게 순복하지 않는 왕성한 사역은 패잔병과 상이 군인들만을 양산할 뿐이라는 사실을 교회는 명심하여야한다. "열심"이라는 것이 교회에 요구된다면 이 "열심"은 주님과 주님의 목적과 계획안에서만 그 위력을 발휘할 수 있다.

그렇지 않다면 교회는 결국 자해할 지도 모른다. 교회 안에 있는 열심과 봉사를 위장한 인본주의라는 열매가 교회의 선악과라는 나무에 열린다면 교회는 에덴동산으로부터 쫓겨나 세상에서 유랑하며 고생할 것이다.

인본주의에 근거한 봉사와 충성은 교회에서 사라져라! 인간들과 사역자들의 입맛과 세상 욕심을 채워주기 위해 "주를 위하여"라는 포장으로 위장된 거짓 "열심"과 "충성"과 "봉사"여 교회에서 제발 사라져라! 그래야 하나님의 교회가 성장한다.

오직 예수님의 목적에 상응하는 순종만이 악을 이기고 교회에 승리를 가져다 준다. 교회의 관건은 인본주의적인 자기 열심이 아니라 예수의 영 안에서의 순종임을 교회들은 명심하여야한다.

제 3 부

두가지 명령

마귀의 책략과 교회의 승리

　세상이라는 정부 그리고 교회라는 정부 이 두 가지의 서로 다른 차원의 정부가 이 세상에 존재하고 있다. 그리고 하나님께서는 이 두 정부에 대해 각기 다른 명령을 하달하신다. 하나님께서는 세상 정부에 대해서 이 세상의 법 곧 육에 속한 세상의 무기인 칼이라는 것을 허락하셔서 이 세상이 질서 있게 유지되도록 하는 명령을 하달하셨다. 그러기에 사도 바울은 다음과 같이 기록하였다.

　　각 사람은 위에 있는 권세들에게 굴복하라 권세는 하나님께로 나지 않음이 없나니 모든 권세는 다 하나님의 정하신 바라 그러므로 권세를 거스리는 자

제 3 부 두가지 명령

는 하나님의 명을 거스림이니 거스리는 자들은 심
판을 자취하리라
관원들은 선한 일에 대하여 두려움이 되지 않고 악
한 일에 대하여 되나니 네가 권세를 두려워하지 아
니하려느냐 선을 행하라 그리하면 그에게 칭찬을
받으리라
그는 하나님의 사자가 되어 네게 선을 이루는 자니
라 그러나 네가 악을 행하거든 두려워하라 그가 공
연히 칼을 가지지 아니하였으니 곧 하나님의 사자
가 되어 악을 행하는 자에게 진노하심을 위하여 보
응하는 자니라
그러므로 굴복하지 아니할 수 없으니 노를 인하여
만 할 것이 아니요 또한 양심을 인하여 할 것이라
너희가 공세를 바치는 것도 이를 인함이라 저희가
하나님의 일꾼이 되어 바로 이 일에 항상 힘쓰느니
라 (롬 13:1-6)

사도바울이 교회가 세상 권세에 순복하라는 위의
내용의 편지를 작성할 당시 극악한 황제 네로가 전 로
마 제국을 장악하고 있었다. 네로 황제는 자신의 권력
을 이용하여 그의 재임 기간동안 무고한 기독교인들
을 수없이 많이 죽였다. 네로는 교회를 멸하려고 하였

던 교회의 철천지 원수였던 것이다. 그 후 사도 바울은 권세에 순종하라고 한 바로 그 권세자 네로에 의해 로마에서 죽임을 당하였다. 그리고 사도 바울이 이 편지를 쓸 당시 이미 그는 로마 정부의 권세자에 의해 여러 해 동안 핍박을 받았었다.

하나님께서는 예수 그리스도에게 하늘과 땅의 모든 권세를 맡기셨다. 그러나 그리스도께서 이 모든 권세를 다 주관하고 계신 것은 아직 아니다. 그렇다고 해서 그리스도께서 현재 자신의 권세를 믿는 자들에게 전부 이양하신 것도 아니다.

하나님의 왕국이 이 땅에 온전히 세워지면, 그때에 비로소 그리스도께서는 자신에게 맡겨진 모든 권세를 온전히 사용하실 것이다. 그러나 그때가 될 때까지는 주님께서는 이 세상 주관자들과 영적인 정사와 권세들에게 자신의 권세의 일부만을 일시적으로 위임하셨다.

그래서 세상의 통치자들이 그들이 선인이건 악인이건 간에 상관없이 그 권력을 한시적으로만 사용하는 것이다. 주님께서 허락하지 않으시면 이 세상의 그 어떤 통치자들도 활동할 수 없다는 것이 성경이 말하고 있는 가르침인 것이다.

제 3 부 두가지 명령

1. 더 높은 권세

교회는 하나님으로부터 세상 권세보다 더 큰 권세를 부여받았다. 세상에 주어진 권세는 한시적이다. 그러나 믿는 자들의 권세는 영원하다. 세상 권세는 법을 바꿀 뿐이나 우리의 권세는 사람을 바꾼다.

영국의 수상을 지냈던 바 있던 마갓렛 대처 (Margaret Thatcher) 여사는 뉴욕 시에 전기가 나가자 뉴욕 시민들이 보여준 짐승 같은 행동들을 보고 "문명의 베니어판은 너무도 얇다"라고 말한 적이 있다.

그 때 당시 뉴욕 시에서 갑자기 전기가 나가고 경보 사이렌 소리도 작동이 되지 않아 경찰의 출동도 늦어졌을 때 사람들이 보여준 악한 행동들을 세상 경찰력이 제대로 제지할 수 없었기에 어둠으로 변한 뉴욕 시는 순식간에 무법천지가 되어버렸던 것이다.

그러기에 영국 수상 대처는 이러한 세상 경찰의 무력함을 놓고 "(깨어지기 쉬운) 얇은 베이어 판"이라는 표현을 쓴 것이었다. 우리는 하나님께서 세상 정부들에게 경찰을 허락해 주시고 경보 체계를 주시며 권세자들을 주셔서 세상이 무법천지가 되지 않게 하심에 대해 감사해야한다. 그러나 하나님께서 세상 권세자들에게 허락하신 세상 권세는 "얇은 베니어 판"일 뿐이다.

그러나 이와는 대조적으로, 영적인 권세는 제한이 없으며 또한 영원하다. 영적인 권세는 빛이 환하여 사람들의 일거수 일투족이 백일하에 관찰 될 수 있는 곳에서는 잘 발견되지 않는다.

그러나 이 영적 권세는 사람들의 심령을 환하게 비추어 태양과 전기 불이 없는 곳에서도 그리고 경찰들이 없는 곳에서도 사람들로 하여금 올바르게 행동하게 하도록 하는 힘이 있다. 이 심령을 비추는 영적인 힘은 젊은 여자들을 성결케 하고 혹시 그들이 실수로 임신하였을 지라도 뱃속에 있는 아이를 귀하게 여겨 뱃속의 태아를 낙태케 하지 않도록 하는 강한 힘을 가지고 있다.

다윗 왕은 성경에 등장하는 인물들 중에서 이러한 영적인 권세를 올바르게 사용한 대표적인 인물이라고 할 수 있으며, 장차 교회와 함께 세상 권세와 영적인 권세를 모두 가지고 이 세상을 통치할 예수 그리스도의 예표라고 할 수 있다. 그도 그럴 것은, 다윗은 왕위에 오르기 전에 세상 권세를 가진 사울 왕에게 몹쓸 고난을 연속적으로 당하였다.

다윗은 사울 왕에게 고난을 당하기 전에 이미 사울을 이을 이스라엘의 왕으로서의 기름부음을 받았었

제 3 부 두가지 명령

다. 그러나 그럼에도 불구하고 다윗은 하나님이 왕으로 기름부으셨던 사울 왕에게 항거의 손을 든 적이 한 번도 없었다. 다윗은 쉽게 사울을 죽일 수 있는 기회가 왔음에도 단지 사울의 옷자락 끝만 조금 베었을 뿐이다.

다윗은 하나님께서 기름부으신 권세자에 대해서는 절대로 항거하지 않는다는 원칙을 끝까지 지켰고 그랬기에 그는 예수 그리스도로 하여금 "다윗의 위에 앉는 왕"이 되도록 하는 존재가 되는 영광을 차지한 것이다.

진정으로 영적인 권세를 사용하는 사람은 비록 악한 권세일지라도 자신의 힘으로 세상 권세를 무너뜨리지 아니하고, 끝까지 인내하면서 기다려 성령의 힘으로 자연스럽게 하나님이 허락하신 자리(설혹 그 자리가 세상 권세의 자리일지라도)를 차지하는 사람이다. 우리가 진정으로 예수 그리스와 함께 왕 노릇하기를 바란다면 우리는 다윗의 이러한 방법을 사용하여야만 할 것이다.

다윗을 시험하셔서 그가 하나님의 시험에 통과하자 그에게 왕위를 허락하셨던 하나님께서는 지금 이 시대의 교회들에게 비슷한 시험을 치르게 하시고 있다. 하나님께서 그렇게 하시는 이유는 하나님의 시험을 통과한 교회들로 하여금 장차 그리스도와 함께 이 세상을 통치하도록 하시게 하시기 위해서이다. 사십일 금식이 끝난 예수를 찾아간 마귀가 예수를 유혹한 것은 예수로 하여금 하나님의 시간표보다 더 일찍 세상 권세를 잡도록 하여 예수가 십자가에 달리지 못하게 하려는 의도에서였다.

  마귀는 동일한 방법으로 오늘날의 교회들을 유혹하고 있다. 마귀는 교회로 하여금 하나님의 시간표보다 더 일찍이 권세를 획득하도록 함으로써 마지막 때에 교회가 그리스도와 함께 세상을 통치하는 것을 막도록 하자는 심산인 것이다. 마귀는 교회에 대한 이러한 악한 계획을 달성하기 위하여 많은 사역자들과 목회자들로 하여금 자신을 부추겨 교만하게 되도록 하는 정책을 쓰고 있다. 그리고 현재 교회에 대한 마귀의 이러한 궤계는 비교적 상당한 성공을 거두고 있다.

2. 거치는 돌

  기독교 역사에는 세상 권세를 가지고 인류를 위하여 위대한 일을 수행한 그리스도인들이 있어왔다. 가령 예를 들어 대영제국의 수상이었던 윌리암 윌버포

제 3 부 두가지 명령

스 (William Wilberforce)는 그의 세상 권세를 이용하여 대영 제국에서 노예제도를 축출하였다.

그러나 이러한 인류를 위한 세상 권력의 선용은 대영제국의 수백 년 간의 통치 하에서 일어났던 식민지 통치를 통한 시민지 경제 수탈이라는 입장에서 보면 그 규모가 너무도 미약하다 아니할 수 없다.

그러나 그럴지라도 이러한 기독교 정치가의 노예제도의 폐지라는 좋은 선례는 기독교인들이 정치에 기여하여 나아갈 방향을 제시해주는 좋은 나침반이라 아니할 수 없다. 이렇게 교회가 사회에 끼친 좋은 모범의 예들은 위대한 전도자 요한 웨슬레 (John Wesley)와 죠지 휘필드 (George Whitfield)의 삶에서도 충분히 관찰되어진다.

그러나 교회가 자신의 통치 영역을 떠나 세상 권세 쪽으로 그 방향을 틀었을 때는 많은 경우에 있어서 그 결과는 좋지 않았고 심한 경우 마귀의 꼭두각시 노릇만 하였던 경우도 적지 않았다.

그러므로 이러한 선례에서 교회는 교회가 자신의 영역 밖으로 나가서는 안 된다고 하는 귀한 원칙을 끌어낼 수 있어야한다.

하나님께서는 교회로 하여금 세상의 빛이 되도록 하셔서 하나님의 의가 이 세상에서 계속 유지할 수 있도록 하는 역할을 맡기셨다.

그럼에도 교회가 교회의 이러한 역할을 떠나 세상 권력에 욕심을 보인다면 교회는 반드시 마귀가 쳐놓은 그물에 반드시 걸려 수많은 사람들에게 해악을 끼칠 것이 분명하다. 그리고 이러한 사실은 무엇보다도 기독교 역사가 잘 증명하여주고 있다.

투표함에서 승리하는 교회는 세상의 빛이 될 수가 없다. 사람들이 예수를 왕으로 삼으려고 하자 예수는 산으로 피하셨다. 언뜻 보면 사람들이 예수를 왕으로 삼으려 한 것은 꽤나 괜찮은 시도인 것처럼 보인다.

그러나 영적인 안목에서 보면 사람들의 이러한 시도는 성경에 나온 인간들의 여러 실수 중에서 가장 섣부른 실수였던 것이다. 사람들은 그를 왕으로 만들려고 하였다.

그러나 그분은 이미 왕으로 이 세상에 오셨다. 예수님의 왕권은 사람으로부터 나온 것이 아니라 하늘로부터 나온 왕권이었다. 교회도 마찬가지여야 한다. 교회가 세상 권세에 집착하면 예수를 잃어버려 엉망진창이 될 수밖에 없다. 그 이유는 교회의 권세는 하늘의 하나님으로부터 나오는 하늘의 권세이기 때문이다.

3. 교회는 맡겨진 권세의 영역을 넘지 않아야 한다.

사도 바울은 고린도 교회에 보낸 편지에서 자신은 하나님께서 주신 영적 권세의 한계를 넘는 일은 하지 않겠노라고 말하였다 (고후 10:13-14 참조). 영적인 권세를 잘 사용하는 사람은 그 권세 밖으로 자신의 권세가 나가지 않도록 하는 데 각별한 신경을 쓴다.

그 이유는 그렇지 않을 경우 자기 자신과 전 교회에 심각한 재앙이 닥침을 잘 알고 있기 때문이다. 이는 미국 경찰관이 한국에 가서는 자신의 경찰권을 사용하지 않는 것과 마찬가지 이치이다. 하나님은 우리가 하나님이 주신 권세의 영역을 넘는 것을 기뻐하지 아니하신다.

하나님께서 교회에게 허락하신 영적인 권세와 세상 통치자들에게 허락하신 세상 권세는 엄연히 다르다. 만일 교회가 세상 권세의 영역을 사용하는 경우에 세상 권세자들이 교회의 권세를 이용하였을 때에 초래되었던 것과 같은 재앙이 발생하게된다.

세상 권세의 영역에는 법이 있는 반면에 교회에 주어진 권세의 테두리 안에는 영 (spirit)이 있다. 그리고 이 테두리 안에서 교회가 올바로 영권을 사용하는지는 영권을 사용하는 자가 보여주는 성령의 열매로 쉽게 판가름 할 수가 있다.

예수님께서는, "내가 하나님의 성령을 힘입어 귀신을 쫓아내는 것이면 하나님의 나라가 이미 너희에게 임하였느니라"(마 12:28) 라고 말씀하셨다. 우리가 마귀의 권세를 쫓아내는 데에 성령의 능력으로 하지 않고 세상의 권세로 하려고 하면 하나님 나라가 임하는 것이 아니라 오히려 마귀 나라가 임할 뿐이다.

예수님께서는 하나님 아버지의 계획을 이 땅에 이루기 위해서 한번도 세상 권세를 사용하신 적이 없으셨다. 예수님의 이러한 대원칙에 따라 초대교회 시대의 예수님의 제자들과 사도들은 복음을 전하기 위하여 세상 권력을 사용하지 아니하였다. 그들은 가이사의 것은 가이사에게 바치라는 예수님의 원칙에 따라 로마 황제의 권세에 절대로 개입하지 아니하고 자신들의 영의 영역만을 지켰다.

4. 교회의 예언자적 권세

교회는 세상 권세자와 정부에 대해 예언적인 선포를 하여야 할 책임을 하나님으로부터 부여받았다. 하나님의 기름부음이 임하였을 때, 교회는 하나님으로

제 3 부 두가지 명령

부터 받은 세상 권세에게 주시는 하나님의 예언적 메시지를 세상 정부에 주저함 없이 전해야한다. 교회의 세상에 대한 예언자적인 권세는 도덕적으로 정결하며 의로운 삶을 사는 교회에 속한 예언자에게 주시는 하나님의 권세이다.

그리고 깨끗한 삶을 사는 것이 밑바탕이 되어져야 예언자의 말에 힘이 있다. 이러한 교회의 예언적 책임과 권세를 교회가 세상 정부에 이관해서는 절대로 안 된다. 로마의 압제 하에 있었던 주 후 일세기 경에는 낙태와 유아 살해가 만연하고 있었다. 그러나 신약 성경의 저자들은 한번도 이것을 문제삼아 성경에 기록한 적이 없다.

그들이 이러한 세상 악에서 침묵한 것은 이들이 이러한 낙태 사실을 몰라서였거나 낙태의 심각성을 몰라서가 아니었다. 그들이 이러한 낙태와 유아 살해에 대해 함구하고 있었던 것은 지엽적인 문제에 시간을 허비하지 아니하고 세상 악이라는 큰 문제의 뿌리를 해결하고자 하였기 때문이었다.

성경 기자들과 초대 교회의 복음 전도자들은 사람들이 회개하고 하나님께로 돌아오면 이러한 세상의 문제들이 자연적으로 해결된다는 진리를 익히 잘 알고 있었기에 이 낙태문제를 성경에 굳이 언급할 필요를 느끼지 못하였던 것이다.

미국에서 제 일차 대각성 운동의 불을 지폈던 사람은 죠나단 에드워드 (Jonathan Edwards)였다.

그는 "분노하시는 하나님의 손에 붙들린 죄인들" (Sinners In The Hand Of An Angry God) 이라는 단 한편의 위대한 설교를 통해 그 당시 미국에 출판되었던 세상의 수많은 법률 서적들도 이루지 못하였던 미국민들의 도덕성을 일시에 회복시켰다.

수많은 세상 권력과 세상 시스템이 이루지 못하였던 미국의 도덕성 회복이 제 일차 대각성 운동을 통해 일어났던 것이다. 민주주의 사회에서 세상 사람들은 세상을 더 좋게 만들기 위하여 데모를 한다. 그러나 교회는 이보다 훨씬 더 고상한 사역으로 부름을 받았다. 교회의 권세는 눈에 보여지는 권세가 아니라 능력이 열매로 나타나는 권세인 것이다.

역사상 가장 위대한 소설가인 레오 톨스토이는, "예언은 마치 마른 섶에 붙여진 불꽃과 같다. 예언의 불은 일단 붙기만 하면 전 나라에 만연하고있는 죄악의 숲과 나무들과 풀들을 송두리째 태워버린다."라고 말한 적이 있다.

그리고 그는 이 말 끝에 하나의 예를 들었다. 그 예는 바로 노예 제도의 폐지 사건이었다. 그 당시 노예

제 3 부 두가지 명령

제도는 공공연하게 인정되고 있었던 사악한 제도였다. 그러나 기름부음 받은 한 정결한 한 사람이 이 제도에 대한 하나님의 예언을 담대히 전하자 세상에 존재했던 가장 사악한 제도요 아무도 건드리지 못했던 노예제도는 이 예언의 불꽃으로 인하여 이 예언이 선포된 지 수년 안에 이 지구상에서 그 자취를 감추어 버렸던 것이다.

노예 제도에 대한 예언적인 불을 붙인 사람들 중에 가장 우리의 눈길을 끄는 사람은 "언클 톰의 케빈"이라는 소설을 쓴 하리엣 비쳐 스토이 (Harriet Beecher Stowe) 부인이다.

그녀는 이 소설에서 노예 제도의 죄악상을 명백하게 드러내었고 이 소설로 인하여 문명세계에서는 더 이상 노예 제도가 존속하지 않게 되었다.

아브라함 링컨은 미국 남북 전쟁이 한창이던 어느 날 이 소설의 작가 스토이 부인을 만났다. 전해지는 말에 따르면 이때 아브라함 링컨 대통령은 처음 만난 스토이 부인에게, "체구도 별로 크지 않은 당신이 바로 이 남북 전쟁을 일으키신 장본인이시군요."라고 말하였다고 한다.

교회사를 걸쳐 가장 강력한 예언적인 힘을 발휘한 사람은 바로 마틴 루터이다. 루터는 카톨릭의 한 작은

사제에 불과하였지만 그는 카톨릭의 잘못된 점을 나열한 구십 오개의 항목들이 적힌 종이를 독일의 휘텐버르그 라는 그리 크지 않은 도시의 한 작은 교회의 문에 붙였다.

이 사건으로 인해 세상은 변화하였다. 그의 그러한 용기있는 행동으로 말미암아 그의 세대에서 이미 세상이 바뀌었을 뿐 아니라, 그의 영향력은 그 다음 세대를 통해 오늘날까지도 이 세상에 미쳐지고 있다. 이 작은 한 사제의 영향력만큼 큰 영향력을 미친 왕이나 황제나 제국은 이제껏 없다.

마틴 루터의 삶으로부터 우리는 하나님의 진리로 무장한 겸손한 한 사람이 자신의 믿음을 무너뜨리는 강요 앞에 담대해 대항하였을 때 그 큰 세상 군대가 해내지 못하는 일을 해낼 수 있다는 좋은 본보기를 배울 수가 있다.

초대교회 시절에 세상 권세자 앞에서 바울과 실라가 담대히 자신의 신앙을 변호하자 세상 사람이 그들을 두고 "천하를 어지럽게 하던 이 사람들이 여기도 있도다" (행 17:6)라며 말하였던 적이 있었다. 이 일이 있은 이래로 마틴 루터의 악에 대한 항거는 역사상 그 유례를 찾아 볼 수 없을 만큼 대단한 결과를 초래하였다.

제 3 부 두가지 명령

　인도의 위인인 마하트마 간디는 정말로 예수 그리스도를 영접한 것으로 알려지고 있다. 그러나 그가 자신의 이름을 드높이기 위하여 사람들에게 보아란 듯이 침례를 베푸는 사역자로부터 세례를 받으라는 요청을 받자 이 요청을 단호히 거절하였다.

　마하트마 간디는 침례는 비록 받지 않았지만 그는 분명 예수의 가르침을 받아들였던 사람이었다. 그는 특히 예수님의 "왼뺨을 치거든 오른뺨도 돌려대라."라는 무저항의 원칙을 그의 삶에 철저히 적용하였다.

　그는 무저항의 삶을 살기로 결단한 후, 예수의 이 작은 가르침에 그의 삶을 적용시킴으로 인해 급기야 그 당시 세상에 존재했던 나라들 중 가장 강력했던 나라인 대영제국을 자신의 발 앞에 무릎꿇게 만들었다.

　그리고 이러한 이유 때문에 인도는 결국 영국의 압제로부터 독립하게되었다.

　그리고 마하트마 간디는 그의 무저항 운동으로 인도의 최초의 수상이 될 수 있는 대도 그렇게 하질 않았다. 그는 그 자신에 의해 세상 나라에 좋은 변화가 온 것으로 만족하며 자신의 권세의 영역을 지켰던 것이다. 그의 이러한 조치는 정말로 올바른 조치이었다.

　만일 일개의 인간 간디가 예수의 그 많은 가르침 중에 작은 한 조각을 그의 삶에 충실히 적용함으로써 세상을 바꾸어 놓았다면, 이 세상의 모든 교회들이 예수의 방대한 복음에 정말로 충실할 경우, 얼마나 많이 세상이 선하게 바뀌겠는가?

하나님이 교회에 허락하신 능력을 교회가 제대로 쓰기만 한다면 그 결과는 정말로 대단할 것이다. 교회의 지도자들이 하나님이 교회에게 허락하신 능력의 크기를 제대로만 안다면, 그들이 정치 권력을 쥐기 위하여 세상의 권력자들에게 허리를 굽실거리는 일은 더 이상 없을 것이다.

5. 죽음의 덫

하나님으로부터 영적인 권세를 부여받은 사람들이 가장 잘 빠지기 쉬운 마귀가 쳐놓은 덫은 영적인 권세의 영역 밖으로 나가 세상 권세를 부리게 하도록 하는 덫이다. 영적 권세자들이 자신의 지위와 권력을 이용하여 세상에서 좋은 일을 해보겠다고 나서도, 그 좋은 일은 결국 악에 치우칠 뿐이다.

이러한 가장 강력한 죽음의 덫을 마귀가 에덴 동산의 선악과에서 아담과 이브에게 사용하였다는 사실은 이미 이 책의 앞 부분에서 설명되어진 바 있다. 먹음

직하게 보이는 열매를 우리가 선악과라는 나무에서 따먹는 순간 우리는 죽고 멸망하게 된다.

기독교인이 정치가가 되어 선을 행하는 것이 잘못되었다는 것이 아니다. 그러나 우리들 중 어떤 사람들이 세상권력을 잡거나 잡으려고 하면서 이것이 마치 하나님의 고귀한 부르심인 것처럼 능청을 떠는 것은 정말로 잘못된 것이다.

혹시라도 정말로 그런 것이 하나님의 뜻인 줄로 믿고 그렇게 한다면 그것은 바로 마귀에게 속은 것이다. 하나님의 부르심이 영적인 것이면 고귀한 부르심(high calling)이요 정치적인 부르심이면 그보다는 덜 고귀한 부르심 (low calling)임을 우리는 자각하고 있어야한다.

만일 하나님께서 예수가 진정으로 어떤 존재인가를 교회에게 알게 하셨다면, 엘리야가 세상의 왕 앞에 서서, "나의 섬기는 이스라엘 하나님 여호와의 사심을 가리켜 맹세하노니" (왕상 17:1) 라며 담대히 외쳤듯이, 교회는 하나님께서 우리 교회에게 주신 예언자적인 메시지를 올바로 받아 바른 마음과 자세로 세상의 군왕들 앞에 서서 담대히 외쳐야 할 것이다.

이러한 부르심이야말로 참으로 고귀한 부르심이다. 아합 왕에게 한 엘리야의 위의 말을 쉽게 풀이하면, "

마귀의 책략과 교회의 승리

나는 지금 하나의 인간으로 당신 앞에 선 것이 아닙니다. 당신은 왕이기에 앞서 하나의 인간에 불과 합니다. 그러나 나는 하나님의 말씀을 가지고 왔습니다. 왕은 겸손히 내가 가지고 온 하나님의 말씀을 받으십시오."라는 말이다. 교회가 영적인 면에서 순결을 유지하며 세상 권세 앞에서 하나님의 권세를 가지고 하나님으로부터 받은 예언적 말씀을 당당하게 전할 때에 교회는 비로소 하나님과 사람들로부터 신뢰를 받아 세상에서 빛과 소금의 역할을 잘 감당할 수 있다.

우리 교회와 교회 지도자들은 하나님의 예언적 말씀을 세상 권세자들에게 전해야할 때를 제외하고는 왕이나 대통령이나 그 어느 세상 권세자 앞에서라도 서는 일은 없어야한다.

우리라는 존재는 우주의 창조자이신 만왕의 왕 앞에 당당하게 그리고 언제라도 담대히 나갈 수 있는 존재라는 사실을 자각하고 세상 권력에 절대로 굽실거리지 말아야한다. 왜 교회가 국회에 한 법안을 통과시키기 위해 정치가들을 만나는데 헛된 시간을 허비해야 하는가? 왕 중의 왕이신 그분을 영광 중에 뵙는 감격을 맛본 우리 교회가 세상 권력자들의 손을 잡고 쓸데없이 굽실거리며 감격해 한다는 것은 정말로 잘못된 일인 것이다.

제 3 부 두가지 명령

6. 생명을 위한 전쟁

오늘날 교회가 직면하고 있는 최대의 전쟁은 낙태와의 전쟁이다. 이 전쟁에서 마귀가 이기느냐 교회가 이기느냐에 따라 영적 전쟁의 전세가 어느 쪽으로 기우느냐가 결정될 것이다.

그러므로 교회는 연합하여 이 낙태와의 전쟁에 총력을 기울여야한다. 그러나 교회가 잘못된 영을 가지고 이 싸움에 임한다면, 교회가 이 싸움에서 비록 이긴다고 하더라도 교회는 세상에 복음을 전파하는데 치명타를 입게된다.

인간의 사악함을 가장 잘 드러내 경우는 인간이 노예 제도를 도입한 것이라기보다는 오히려 인간이 낙태를 한다는 사실이다. 세상 권세자들이 아무리 강력한 제도를 만들어서 낙태를 금지한다고 하더라도 이러한 인간의 죄성에 근거한 낙태 행위를 근본적으로 차단할 수는 없다.

하나님의 형상으로 지음 받은 인간의 가치를 저하시키기 위한 마귀의 낙태 전략이 너무도 잘 먹혀 들어가고 있다. 짐승들조차 자신의 어린 자녀를 보호하기 위하여 그 어떤 위험도 감수하며 자신을 희생하는데, 그 보다 더 나아야할 인간들이 무죄하고 연약한 아기,

그것도 뱃속에 있는 자신의 아기를 자신의 유익과 쾌락을 위해 죽인다는 사실은 인간이 얼마나 타락하였나를 보여주는 단적인 증거라 아니할 수가 없다.

병들거나 죽어 가는 야생 동물들을 불쌍히 여겨 살려보겠다며 동물 보호운동을 대대적으로 펼치는 인간들이 어떻게 멀쩡하게 살아있는 태아들을 낙태 기구들을 사용하여 참혹하게 살해하는 것에는 잠잠하고 있을 수 있단 말인가?

교회가 이 인간 최대의 사악한 행위인 낙태 문제에 대해 어떻게 대처하느냐에 따라 교회가 큰 승리를 거두느냐, 아니면 앞으로도 계속해서 더 많은 태아들이 유기 되느냐가 달려있다.

하나님께서는 인간의 죄악이 왕성할 때에 최종적으로 부흥이라는 수단을 통하여 인간이 마땅히 받아야 할 심판을 유보시키시고 그 대신 하나님의 은혜를 이 땅에 나타내신다. 그러기에 미국의 경우 남부전쟁이 시작되기 바로 전에 마지막 대 각성 운동이라는 큰 부흥 운동을 하나님께서 미국 땅에 일어나도록 하셨다.

하나님의 의도는 큰 부흥이 일어나게 함으로서 남북 전쟁을 막아보고자 하셨던 것이다. 만일 이 마지막 대 각성 운동이 제대로 퍼져나갔더라면 남북 전쟁을 통해 수많은 피를 흘렸던 일이 일어나기도 전에 노예 제도는 이미 폐지되었을 것이다. 기독교를 주축으로 한 노예 제도 폐지론자들의 정치적인 야욕으로 인해 마지막 대 각성 운동의 불이 점점 식어지자 노예 제도 폐지를 명목으로 한 남북전쟁은 불가피하게 되었던 것이다.

노예 제도 폐지론자들에 대해 좀 알아보자. 이들은 정말로 용기있는 사람들로서 진리를 사랑하는 헌신적인 사람들이었다. 그리고 이들의 대부분은 기독교인들이었으며 진정으로 애국하는 사람들이라고 할 수 있다.

그러나 문제는 이들이 너무도 극단적으로 치우쳐 종국에는 그들의 참을성을 상실하는 바람에 모든 것을 엉망으로 만들고 말았다는 것이다. 그들은 고귀한 목적에서 시작하였지만 파괴적인 수단과 방법을 동원한 것이 문제였다. 그들은 야고보가 다음에서 말한 지혜에 대한 올바른 인식을 가지고있지 않았기 때문에 파괴적인 방법으로 목적을 정당화하는 잘못을 범하였던 것이다.

> 너희 중에 지혜와 총명이 있는 자가 누구뇨 그는 선행으로 말미암아 지혜의 온유함으로 그 행함을 보일지니라

> 오직 위로부터 난 지혜는 첫째 성결하고 다음에 화평하고 관용하고 양순하며 긍휼과 선한 열매가 가득하고 편벽과 거짓이 없나니 화평케 하는 자들은 화평으로 심어 의의 열매를 거두느니라 (약 3:13, 17-18)

노예 폐지론자들의 목적은 옳았지만 그 목적을 성취하기 위하여 그들이 사용한 방법은 옳지 않았다.

비록 선한 목적을 달성시키기 위함이라고 하더라도 방법이 잘못되면 하나님의 지혜는 떠나게 되므로 그 결과 하나님의 성품과는 전혀 상관이 없는 쓴 열매들이 열리게되는 것은 당연한 이치이다.

예수님을 배반한 가룟 유다의 경우가 그 좋은 본보기이다. 가룟 유다는 열심이 특심한 열심당원의 한 사람으로서 자신의 생각만으로 이 땅에 좋은 나라를 건설하고자 예수에게 접근하였던 인물이었다.

그는 자신의 정치적인 목적을 달성하기 위하여 예수를 이용하고자 하였을 지도 모른다. 비록 인간적인 면에서 보면 그가 의로운 인간처럼 보일지도 모르지만 그가 한 것이라고는 그저 마귀의 하수인 노릇을 하는 것밖엔 없었다.

그 결과 그는 예수 그리스도를 배반함으로 그를 십

제 3 부 두가지 명령

자가에 못박게 하는데 일조를 하였던 것이다. 비록 동기가 선하다고 할지라도 정치적 조정은 악한 영의 짓이다. 하나님의 나라에는 조정이라는 것이 없다.

현재 교회는 하나님 나라가 이 땅에 도래하는 것을 위하여 일할 것인가 아니면 낙태 반대를 위한 정치적인 목적을 달성하기 위하여 일할 것인가를 선택하여야 하는 중요한 기로에 서있다.

존 브라운 레이드라고 알려진 유명한 집단의 우두머리는 사람들 사이에 예언자로 알려져 있는 사람이다. 존 브라운은 그의 동조자들과 함께 전 교회들을 다니며 교회들을 낙태 반대 운동을 위한 정치적인 운동에 가담하도록 하는 일을 하고 있다.

그와 그의 추종자들은 하나님의 때를 기다리지 않고, 선한 목적을 달성하기 위하여 사람들로 하여금 세상의 방법들을 동원하라고 사람들을 부추기고 있다.

그들은 지금도 수많은 아기들이 매일 낙태로 귀한 생명을 잃어가고 있으므로 하루라도 지체할 수 없다고 주장하고있다. 그들이 목적하는 바는 선하고 옳다. 그러나 그들의 방법은 옳지 않다.

그들이 그런 방법을 써서 낙태 방지법이 통과된다고 낙태가 이 세상에서 없어지는 것은 아니다. 그들의 잘못된 방법의 결과로 더 많은 피가 흘려질지도 모른다는 사실을 그들은 간과하고 있다.

하나님으로부터 영적인 권세를 부여받은 사람들이 자신들의 영역을 넘어서서 그들의 영향력을 세상 권세에까지 확장하려고 하는 경우, 그들은 거의 예외 없이 극단론자가 되기 마련이고 그 결과 그들이 원래 의도하지 않았던 피해를 세상과 교회에 입히게 된다는 사실을 성경과 인간의 역사는 여실히 증명하여 주고 있다.

물론 그렇게 되는 사람들의 거의 다가 주님의 목적을 이루기 위한 선한 의도로 그런 일들을 시도한다.

그러나 그들이 그런 목적을 수행하는 과정에서 성령님의 인도를 따라 성령님의 인도함에 순종하는 겸손함을 보이지 않기 때문에 결국 마귀가 놓은 덫에 걸리게된다. 마귀의 작전은 교회로 하여금 선한 일을 하지 못하게 하는 것이데, 이 방법이 잘 통하지 않으면 교회가 너무 극단적이 되도록 하여 일을 망치도록 하는 계략을 쓴다.

선한 의도로 시작해도 방법이 잘못되면 이러한 마귀의 계략에 여지없이 걸려 들게되고 만다. 하나님에 대해 열심이 특심한 사람들이 극단주의자가 되어 하나님의 일을 망쳐놓도록 하는 데에 마귀는 일가견이 있다. 마귀에게는 이런 일이 별로 어려운 일이 아니다. 마귀는 그저 그러한 사람들을 찾아내어 자신의 영역 밖으로 나가도록 그 사람들의 등을 살짝 밀기만 하면 되는 것이다.

그러면 그렇게 된 사람은 하나님의 은혜도 잊어버리고, 그리고 마귀의 전략도 잊어버리고, 자신의 목적을 달성하기 위하여 매진하는 존재가 쉽게 되어버리는 것이다. 그렇게 되면 그 사람은 이미 마귀에 손에 잡힌 마귀의 도구로 전락하게된다.

그리고 우리 교회는 세상 정부가 교회가 하여야 할 일을 대신하여 줄 것으로 기대해도 안 된다. 하나님께서는 우리의 기도를 들어주시는 분이시며, 그런 하나님은 이 세상의 그 어떤 대통령이나 국회의장이나 대법원 판사보다 힘이 강하신 분이라는 사실을 잊어서는 안 된다.

지금 낙태의 문제로 인한 싸움이 번져 남북전쟁 이래로 다시 한번 미국이 두 조각날지도 모르는 일이다. 그러므로 기도를 통해 하나님의 부흥이 미국 땅에 부어져서 그런 일이 일어나지 않도록 하는데 그리스도인들은 온힘을 기울여야한다.

만일 하나님의 부흥이 부어졌을 때, 우리는 하나님을 위한 과격파들로 인하여 부흥의 불이 사그라지지 않도록 하는 데에도 온 신경을 써야할 것이다. 그렇게 되면 부흥의 불은 전국으로 퍼져나가게 되고, 그 결과 큰 싸움과 전쟁 대신에 생명의 존귀함에 대한 전례 없는 경외심이 이 땅에 불처럼 타올라 낙태가 자연적으로 매우 감소하게 될 것으로 나는 굳게 믿고 있다.

7. 하나님의 역사책

생명책은 하나님의 역사책이라고 할 수 있다. 하나님의 역사는 인간의 역사와는 사뭇 다르다. 하나님의 역사는 권세 있는 왕이나 수상이나 대통령과 같은 사람들에 의해 엮어지는 것이 아니다.

하나님께서는 이름도 없는 남녀들을 사용하셔서 이 세상의 그 어떤 권세자들이 이루지 못하였던 일들을 이룸으로 말미암아 사람들에게 더 많은 유익을 끼쳐 왔다. 윌버포스와 링컨이 노예를 해방한 숫자보다 기도하는 사람들이 해방한 노예들의 숫자가 더 많다는 것이 그 한 예이다.

예수님께서도 마귀의 노예상태에서 풀어져 하나님의 자녀가 되어 그 이름이 하늘 나라 생명책에 기록되는 것이 얼마나 중요한지에 대해 다음과 같은 말씀을 하셨다.

제 3 부 두가지 명령

> 예수께서 이르시되 사단이 하늘로서 번개같이 떨어
> 지는 것을 내가 보았노라
> 내가 너희에게 뱀과 전갈을 밟으며 원수의 모든 능
> 력을 제어할 권세를 주었으니 너희를 해할 자가 결
> 단코 없으리라
> 그러나 귀신들이 너희에게 항복하는 것으로 기뻐하
> 지 말고 너희 이름이 하늘에 기록된 것으로 기뻐하
> 라 하시니라 (눅 10:18-20)

마귀의 온갖 능력을 누를 수 있는 권세를 하나님으로부터 받았다는 것은 참으로 대단한 일이다. 그러나 우리의 이름이 하나님의 역사책인 하나님의 생명책에 기록된다는 것은 더욱 더 대단한 일이다. 우리는 세상 권세와 방법으로 살아가라는 마귀의 유혹을 물리치고 하나님이 주신 권세와 방법으로 이 세상을 살아나감으로 하나님의 역사책을 엮어나가는 사람들이다. 세상 사람들이 나를 아무리 알아준다고 하더라도 하나님이 몰라주면 그 무슨 소용이 있겠는가? 세상 사람들과 어울려 역사를 바꾸기 보다, 하나님과 어울려 역사를 바꾸는 것이 훨씬 좋다. 이 시점에서 예수님의 다음과 같은 말씀을 다시 한번 깊이 묵상해보자.

나더러 주여 주여 하는 자마다 천국에 다 들어갈 것이 아니요 다만 하늘에 계신 내 아버지의 뜻대로 행하는 자라야 들어가리라

그 날에 많은 사람이 나더러 이르되 주여 주여 우리가 주의 이름으로 선지자 노릇하며 주의 이름으로 귀신을 쫓아내며 주의 이름으로 많은 권능을 행치 아니하였나이까 하리니

그 때에 내가 저희에게 밝히 말하되 내가 너희를 도무지 알지 못하니 불법을 행하는 자들아 내게서 떠나가라 하리라 (마 7:21-23)

제4부

생명과 자유를 위한 싸움

마귀의 책략과 교회의 승리

　생명 유지 본능은 동물과 인간 모두에 작용하는 가장 강력한 본능이다. 그러기에 사람들과 동물들은 자손을 퍼트리게 위한 것에 자신의 막대한 에너지를 투자한다. 하등동물을 제외한 거의 모든 동물들은 이러한 이유로 인해 가족이라는 최소 집단을 유지하고 이 집을 통해 생명을 다음 세대에 보존하고자 한다.

　지혜의 왕 솔로몬도 하나님이 주신 지혜로 이 사실을 재판에 적용하여 한 아이를 놓고 싸우는 두 여자 중 누가 이 아이의 어머니인지를 밝혀내었다. 생명 중시의 여부를 보면 어떤 정부가 좋은 정부인지 아닌지를 쉽게 알 수 있는 것도 이런 연유에서이다.

　세상 법은 완전한 법이 아니다. 그러므로 세상 법을

제 4 부 생명과 자유를 위한 싸움

지킨다고 잘못을 저지르지 않았다고는 할 수 없다. 법은 세상에만 있는 것이 아니라 동물 세계에도 존재한다. 세상 법이 없는 자연에도 그들 나름대로의 법이 있고 이 자연의 법이 오히려 세상 법보다 더 지혜로운 경우도 적지 않다.

그리고 세상 사람들이 법을 잘 만들어 시행한다고 해서 사람들의 도덕성이 더 좋아지는 것도 아니다.

이러한 말들은 인간들이 만든 세상 법의 불 완전성을 잘 나타내주는 말들이다. 만일 사람들이 법이 무서워 행동하지 아니하고 고귀한 도덕성에 준하여 행동한다면 법이 없는 좋은 사회가 이루어 질 것이다.

인간의 행동이 법에 의해 이루어지지 않고 옳은 일을 행함으로 이루어진다면 세상의 도덕성은 한 차원 높아질 것이다. 법에 기초하지 않는 세상은 독재자나 폭군을 양산한다.

그러나 인간의 고귀한 도덕성에 의존하지 않고 법에만 의존하는 세상은 인간 존엄성의 상실을 가져다 준다. 불법의 마지막은 폭력과 폭군의 나타남이다.

그러나 법만 지키고 도덕성의 향상이 없다면, 그 역시 또 다른 폭력과 폭군을 낳는다. 그러므로 생명 보호의 법칙과 생명 존중의 법칙이 모든 자연 법칙과 도덕 법칙의 기본 법칙이 되어야한다.

부모가 자기 자식을 죽이는 경우는 인간 세계 외에서는 찾아보기가 쉽지 않다. 인간들이 자신의 쾌락과 안락함만을 추구하기 위하여 뱃속의 아기를 죽이는 일이 있는 한 이 세상에 완전한 평화란 있을 수가 없다.

어미가 뱃속의 자식을 죽인다는 것은 하나님의 창조 원칙에 어긋난다. 낙태가 마음대로 자행되는 세상이 이대로 지속된다면 이 세상은 점점 더 지옥화 될 것은 자명하다. 세상 지도자들의 현명한 지도에 의해 그리고 기독교 지도자들의 영적인 지도에 의해 세상의 도덕성이 지금보다 한층 더 높아짐으로 말미암아 낙태 문제가 제대로 해결 될 수 있기를 바란다.

그러나 만약 이 문제가 올바른 방법으로 해결되지 않고 온당치 않은 방법으로 해결되거나 또는 전혀 해결되지 않는다면, 그 결과 이 세상에는 역사상 그 유례를 찾아볼 수 없는 사악한 폭군이 나타나게 될 것이다.

낙태의 문제 건, 안락사의 문제 건, 인간 복제의 문제 건 상관없이, 교회는 반드시 생명 존중의 사상이 이 세상에 만연하도록 위한 싸움에 앞장서야한다.

그러나 문제는 아무리 선한 싸움을 싸운다고 하더라도 그 방법과 수단이 잘 못되면 안 된다. 교회가 하나님께서 주신 영적 권세의 영역을 넘어 세상 권세로 싸우면 안 된다는 말이다.

제 4 부 생명과 자유를 위한 싸움

 교회는 성령의 인도함을 받아 겸손한 자세로 육의 무기가 아닌 영의 무기로 싸워야 하는 것이다. 교회가 싸움에 이기기 위해 세상 권세와 아부하거나 타협해서는 안 된다. 하나님의 방법으로 하나님이 주신 권세로 하나님이 허락하신 영의 경계를 넘지 않고 싸워야만 한다.

 성령은 우리에게 영적 권위를 수여하시는 하나님이시며 또한 진리의 영이시다.

 그 성령님께서는 말씀대로 살아가는 진실한 사람들에게 자신의 권위를 이양하신다. 만일 우리가 자신의 개인적인 욕심으로 자녀들에게 성공만을 강요함으로 부지불식간에 자녀들을 우상의 제물로 바친다면, 그렇게 하는 우리가 낙태하는 여자들에게 어떻게 정죄의 돌을 던질 수 있겠는가?

 그리고 목회자가 자신의 목회 성공만을 위하여 매진하다 자녀와 가정에 불행을 가져다 준다면 그런 목회자가 어떻게 성공적인 목회자라고 할 수 있겠는가? 기독교인이 아무리 성공한 기업가가 되고 성공한 스포츠 선수가 되더라도 그 결과 부부관계에 금이 간다면 정말 그의 삶이 도대체 무엇이란 말인가?

 하나님께서는 아담을 만드시고 아담이 홀로 있는 것이 좋게 보이지 않아 친구를 만든 것도 아니요, 옆집 아줌마나 동생을 만든 것도 아니시다. 그분은 아담의 갈비

뼈를 떼어내어 아담에게 한 몸과 같은 아내를 만들어 주신 것은, 하나님께서 가정의 중요성과 부부사이가 얼마나 중요한지를 잘 아셨기 때문이라는 사실을 명심하자.

1. 영적 낙태

1989년에 나는 주님의 임재 속으로 끌려 올라가는 경험을 한 적이 있다. 나는 이때 주님을 만나 이 세상의 낙태에 대해서 그분과 대화를 나누었었다.

이때 나는 주님께서 이 낙태 문제에 대해 세상이 잘못했다며 세상을 비난하지 아니하시고, 그 문제의 책임을 교회에 돌리시며 교회에 대해 분노하시는 것을 보고 꽤나 놀랐다.

그 때 주님께서는 만일 교회가 선교와 전도와 복음 증거를 제대로 함으로 주님께서 교회에게 맡기신 영적인 씨를 낙태치만 않았어도 지금 세상에 만연한 낙태는 일찌감치 이 세상에서 자취를 감추었을 것이라고 말씀하셨다.

그리고 주님께서는 교회에 주님께서 주신 영적인 씨를 낙태한 이유는 세상 사람들이 육의 씨를 낙태하는 이유와 동일하다고 말씀하셨고, 그 이유는 바로 교회의 이

제 4 부 생명과 자유를 위한 싸움

기심이라고 말씀하셨다.

잉태된 씨를 출산하여 양육하려면 돈이 들어가고 시간이 들어가서 내가 불편하다고 생각하는 이기심 때문에 교회나 세상이 영적인 낙태 (복음 전도를 제대로 하지 못하고 교인들이 제대로 양육되지 못함을 뜻 함: 역자 주)와 육적인 낙태를 서슴지 않는다고 말씀하셨다.

그리고 주님께서는 이러한 낙태로 인한 심판이 미국에 내려질 것이며, 이 심판은 하나님의 교회에서부터 시작된다고 말씀하셨다.

만일 우리가 성령의 인도함을 받아 성령의 감동이 있을 때마다 순종하여 사람들에게 다가가 복음을 전하였다면 이렇게 많은 소녀들과 여자들이 낙태하는 일은 없었을 것이다. 이제는 교회가 곁가지 치기만 하고있지 말고 분연히 일어나 도끼로 악의 나무의 뿌리를 확실하게 잘라야한다. 낙태는 정말로 커다란 죄이다. 그러나 이 낙태의 죄는 인간 근본 죄의 뿌리라는 나무에 달린 하나의 가지에 불과하다.

낙태는 없어져야한다. 그러나 한 나라의 정부가 이 문제를 해결하기에는 너무나 역부족이다.

그렇다고 해서 미국 정부가 이 문제를 등한시해서도 물론 안 된다. 그러나 이 문제를 근본적으로 해결하기 위해서는 전 미국을 흔드는 영의 대각성 운동이 일어나야 한다. 하나님을 믿는 사람으로서 앞으로 나는 순종과 기도와 부흥을 구하는 일에 매진하려고 한다.

찰스 피니로 인해 번진 부흥의 불길로 말미암아 노예 폐지 운동에 정부가 적극적으로 나섰듯이, 또 한번의 올바른 부흥이 정치 지도자들의 마음을 바꿔 그들이 낙태 방지법 제정에 적극적으로 발벗고 나서는 일이 일어나야 한다.

그러나 부흥이 없이 제정된 낙태 방지법은 별 효과를 발휘하지 못할 것이 불을 보듯 뻔하다. 그 이유는 사람들의 심령에 하나님의 부흥의 불이 떨어지지 않고서는 낙태 방지 법안이 통과되어도 사람들은 여전히 교묘하게 법망을 피해가며 낙태를 계속 할 것이기 때문이다.

교회는 이제 겸손히 자신들의 죄를 회개하고 이제부터라도 온전히 성령 하나님이 주시는 힘과 방법에만 의존하여 낙태 문제를 포함한 이 땅에 산재한 많은 문제들을 해결하여야한다.

> 우리의 싸우는 병기는 육체에 속한 것이 아니요 오직 하나님 앞에서 견고한 진을 파하는 강력이라 모든 이론을 파하며 하나님 아는 것을 대적하여 높아진 것을 다 파하고 모든 생각을 사로잡아 그리스도에게 복종케 하니

너희의 복종이 온전히 될 때에 모든 복종치 않는 것
을 벌하려고 예비하는 중에 있노라 (고후 10:4-6)

위의 성경 말씀처럼 우리의 복종이 온전케 될 때에야 교회는 비로소 모든 복종치 않는 것을 멸할 권세를 가지게 된다. 그렇게 될 때 교회는 성령의 나타남이라는 것을 통해 세상 권세가 해내지 못한 많은 것들을 해낼 수 있게된다.

2. 동성연애라는 마귀의 강력한 진

우리는 성경이 하나님의 말씀임을 믿고 있다. 그리고 성경에서는 동성연애를 죄로 규정하고 있다. 그러므로 우리는 동성연애가 하나님이 싫어하시는 죄라고 생각해야한다. 그렇다면 교회는 성경에 기록된 각 가지의 죄들을 어느 정도까지 죄로 보아야하는가?

이 문제는 그리 쉬운 문제가 아니다. 성경 갈라디아서 5장 19-21절에 명시된 육체의 일 곧 죄에는 분냄과 분쟁이 포함되어있다.

이 죄에 대한 성경의 원칙을 교회가 철저히 적용한다고 하여 교회가 분내는 자들을 성경말씀대로 교회에서 쫓아낸다면 교회에 남을 사람은 아무도 없을 것이다.

주님께서는 동성연애를 혐오스럽고 도착적인 행위로 보셨지만 모든 죄에 대해 동일한 표현을 쓰시지는 않으셨다. 주님께서는 인간 사회를 파괴하는 행위들을 다른 죄의 행위들 보다 더 역겹게 보셨다. 하나님께서 역겹게 보시는 행위들 중에는 동성연애가 포함된다.

주님께서 소돔과 고모라 성을 멸망한 이유도 그 도시에 사는 사람들의 동성연애가 극에 달하였기 때문이었다. 이 소돔과 고모라 멸망 사건에서 우리가 알 수 있는 것은 인간의 죄가 어느 정도로 만연하면 하나님께서는 이에 대한 심판을 강행하신다는 점이다.

사도 바울은 로마서 1장 26절에서 이 동성연애에 대해 "순리대로 쓸 것을 바꾸어 역리로 쓰며"라는 표현을 써서 동성연애의 행위는 인간 본연의 행위가 아님을 분명히 함과 아울러 그 다음절인 27절에 가서는 동성연애를 한 사람들에 대해 그들이 "그릇됨에 상당한 보응을 그 자신에 받았느니라"라고 표현함으로서 동성연애자들이 하나님의 심판을 받았음을 명백히 하고 있다.

동성연애자들에 대한 하나님의 심판의 명백한 증거 중에 하나가 에이즈라는 병이다. 일반적으로 병의 원인과 진행 양상은 병의 종류에 따라 많은 차이가 난다. 그래서 병의 원인과 진행 양상을 살펴보면 이 병이 한 집단의 영의 체계와 사회 체제에 미치는 영향을 어느 정도 짐작해 볼 수 있다.

동성연애와 이에 상응하는 비정상적 성행위로 인해 발생되게된 에이즈라는 질병은 바이러스에 의해 생겨난 질병이다.

에이즈 바이러스에 감염된 사람은 인체의 면역체계가 약화됨으로 결국은 사망하고 만다. 고로 영적으로 볼 때 이러한 에이즈 병에 의해서 사회의 영적인 면역체계가 무너져 감을 우리는 잘 알 수 있다.

이 말은 동성연애에 의해 사회가 마귀의 공격으로부터의 자신의 방어력을 상실하여 결국 몰락해 간다는 말이다.

3. 하나님께서는 동성연애자들을 사랑하신다.

교회는 동성연애자들 어떻게 대해야 하는가? 이에 대한 대답은, "사랑해야 한다"이다. 하나님께서 동성연애자들을 사랑하시듯이 우리도 그들을 사랑해야한다.

하나님께서는 모든 사람이 구원을 받으며 진리를 아는 데 이르기를 원하신다 (딤전 2:4).

하나님께서는 사람을 차별하여 사랑하시는 분이 아니시다. 하나님께서 모든 사람을 사랑하시듯이 동성연애자들을 사랑하신다. 그리고 하나님께서는 동성연애자들도 구원받기를 원하신다. 하나님은 사랑이시다.

하나님의 심판이 질병이나 또는 다른 형태를 통해 주어진다고 해서 하나님의 사랑의 본질이 감소되거나 없어지는 것이 아니다.

하나님이 병으로 사람들을 심판하는 이유는 많은 사람들을 구원키 위한 사랑에 그 근거를 두고 있다. 교회가 하나님이 사랑하시듯이 동성연애자들을 사랑하지 않고서는 교회가 동성연애라는 문제를 풀 수 없다.

교회가 동성연애자들을 멸시하고 비판한다면 교회는 겨우 쫓아낸 귀신을 일곱 배나 교회로 더 불러들이는 우를 범하게 되고야 말 것이다.

우리가 동성연애자를 사랑하여야 한다고 해서 동성연애의 죄가 교회나 학교에 들어오는 것에 대해서조차 열린 마음을 가져야한다는 말은 아니다.

절대로 그렇게 되어서는 안 된다. 동성연애가 사회의 기초 질서를 뿌리째로 흔들고 있음과 이렇게 가다가는 동성연애에 의해 교회에 위기가 올 수 있다는 사실을 교회는 직시하여야 한다.

사탄은 사탄을 내 쫓을 수 없다. 만일 우리가 올바른 영으로 동성연애의 영을 추방하지 안는다면 바로 이 동성연애라는 악의 힘이 증가하게 될 것이다.

교회는 겸손한 마음으로 이제껏 동성연애라는 악에 대해 잘못된 싸움을 하여서 동성연해가 사회에 오히려 만연하게되었다는 것을 솔직히 시인하고 이에 대해 회개하여야 한다.

4. 동성연애와 예배

교회가 올바른 예배에서 떠나는 것과 동성연애가 점점 증가하는 것과는 밀접한 관계가 있다. 인간은 예배하는 존재로 피조되었다.

그렇기 때문에 인간이 창조주 하나님을 예배하지 않으면 그 대신 피조물을 예배하는 존재로 전락할 수밖엔 없는 것이다. 그렇기에 사도 바울은 로마서의 첫 장 25절에서 인간이 조물주보다 피조물을 더 경배한다고 질책하면서 동성 연애를 언급하였다. (롬 1:26-27).

하나님께서는 음악과 예술에 대한 재능을 인간에게 주셔서 하나님을 경배토록 하셨다. 우리가 하나님께서 주신 영적인 재능과 육적인 재능 모두를 하나님께 경배하는 것에 쏟아 부을 때 하나님은 참으로 기뻐하시며 영광 받으신다.

그러나 이것을 마귀가 망쳐놓았다. 교회 역사를 돌이켜 보면 음악과 예술성이 뛰어난 그리스도인들 중에는 동성연애자들이 많이 있었다. 그들이 이렇게 된 배경에는 교회가 제대로 된 예배를 드리지 않았기 때문이다.

음악과 예술에 대한 재능이 뛰어난 사람은 하나님을 참으로 경배하고 싶은 마음이 보통 사람들 보다 더 갈급한 데 교회가 이들의 갈급함을 채워주지 않았으매, 이들이 동성연애라는 것을 통하여 조물주보다 피조물을 더 섬기게 되는 것이다.

교회가 이 사실을 알고 예배와 경배를 진리와 신령으로 드린다면 자연적으로 이 땅에서 동성연애가 차츰 그 힘을 잃어갈 것이다.

이 말은 교회가 예술성이 뛰어난 특정 형태의 예배를 하기만 하면 동성연애가 지구상에서 바로 없어진다는 말이 아니다. 그러나 하나님에 대한 예배가 막히면 사람들이 여러 모로 피조물을 경배하기 시작하는 것은 사실이다. 교회는 세상의 빛이 되어야 한다.

세상에 죄악이 만연할 때일 수록 교회는 사회와 정부를 비판하는 대신에, 교회가 세상의 빛이 되지 못하여 세상에 어둠이 증가하게 되었다는 사실을 깨닫고 자성하여야한다. 교회는 사회의 모든 문제가 정치적인 것에 기인하는 것이 아니라 영적인 것에 기인한다는 사실을 꿈에라도 잊고 있어서는 안 된다.

교회가 사회의 죄와 타락에 대항해서 제대로 싸우려면 세상 사람들을 정죄하여 죄인들을 멀리만 하지말고 진리를 가지고 세상 사람들을 자유하게 해야한다.

5. 영적인 동성연애

사회에 만연한 죄를 없이 하기 위해서 교회는 먼저 교회에 만연한 "영적인 동성연애"(spiritual homosexuality)를 없애야한다. 교회에 만연한 영적인 동성연애는 바로 "끼리 끼리 모이는 것"(homo-sect-uality)인 것이다. 세상의 동성연애가 같은 성별을 가진 자들끼리 한 몸을 이루는 것이라면 교회의 영적인 동성연애는 끼리 끼리만 모여 교회를 분열시키는 분파주의인 것이다.

동성연애의 뿌리를 찾아가 보면 거기에는 거절에 대한 두려움이 자리를 잡고 있다.

자기와는 다른 성으로부터 받는 거절에 대한 두려움이 동성연애를 야기하는 것이다. 하나님께서는 동성연애를 하라고 남자와 여자를 만드신 것이 아니다.

자기와는 다른 성의 사람과 사귀고 교제하는 것에 대해 두려움이 있는 사람은 그러한 두려움을 뛰어 넘어야 한다. 교회도 마찬가지다. 교회의 지도자가 자신과는 다른 부류의 사람에게 접근하는 것을 두려워하기 때문에 결국 교회에 분파주의가 판을 치게된다.

이를 간파한 교회 지도자나 평신도들은 교회 내에 자신과는 다른 종류의 사람들에 대한 두려움을 극복하고 이들에게 접근하여 그리스도의 영으로 이들과 자주 사귀어야한다.

동성연애의 영에 잡힌 사람을 구하는 방법은 그 사람을 거절하는 것이 아니라 그 사람에게 접근하여 그를 인정하고 그리스도의 영으로 그를 받아주는 것이다.

이 말은 그들의 동성연애 행위와 죄를 받아주라는 말이 아니라 동성연애자들을 받아주라는 말이다.

요한 일서 4장 18절에는, "사랑 안에 두려움이 없고 온전한 사랑이 두려움을 내어쫓는다."라고 기록되어 있다.

사람을 두려워하게 되면 악한 영이 쉽게 틈을 탄다. 우리는 예수님의 사역에서 교회 사역의 모델을 찾아야 한다. 예수님께서는 죄인들의 친구이셨다. 예수님께서는 죄인들과 같이 지내는 것에 대해 매우 편안해 하셨다.

그리고 더욱더 놀라운 사실은 죄인들도 예수님 주위에 있는 것에 대해 매우 편안해 하였다는 사실이다. 예수님은 주위의 죄인들에 대해 한번도 정죄의 말을 하신 적이 없으시다.

예수님께서는 그들을 사랑하심으로써 그들을 변화시키셨다. 이 말은 예수님께서 그들의 죄를 용납하셨다는 말이 아니라 그들을 사랑하심으로 종국에 그들이 죄를 안 짓도록 하셨다는 말이다.

예수님께서는 사랑으로 그들에게 진리와 생명의 말씀을 하셨지 그들에게 지키지도 못할 무거운 짐을 지우신 것이 아니시다.

우리 교회도 예수님께서 죄인들을 대하신 방법으로 죄인들을 대해야한다. 열린 마음으로 동성연애자들을 끌어 안아야 하고 그들에게 진리의 말씀을 사랑을 갖고 전함으로 그들의 문제를 해결해 주어야한다.

교회가 그들을 멀리한다고 문제가 해결되는 것이 아니다. 사랑으로 그들과 교제하고 도와 줌으로 그들의 아픔이 치유가 된다.

우리가 그들을 이상하게 보고 멀리하면 그들도 우리 기독교인들을 이상한 존재로 보고 멀리할 것이요. 그럴수록 동성연애에 대한 해결점은 점점 더 멀어지는 것이다.

6. 그리스도인이면서 자유주의자 일 수 있는가?

정치적 자유주의자들 중에는 신실한 기독교인들이 적지 않다. 그러나 불행하게도 정치적 자유주의론자들이면서 기독교인인 사람들은 대부분 기독교의 보수주의자들이 아니라 기독교의 자유주의자들이다.

그리고 기독교 자유주의자들이 기독교 보수주의자들보다 가난하고 눌린 사람들을 더 많이 돕고 있는 것이 사실이다.

기독교 보수주의자들이 자유주의자들 보다 가난하고 불쌍한 사람들에 대해 더 많은 도움을 줄 때에만 정치가들이 비로소 교회의 말에 귀를 기울이기 시작할 것이다.

윈스턴 처칠이 한번은 다음과 같은 말을 한 적이 있다: "만일 한 인간이 스무 살이 되었는데도 자유주의자가 아니라면 그는 분명 가슴이 없는 인간일 것이다. 만일 한 인간이 마흔 살이 되었는데도 보수주의자가 아니라면 그는 분명 머리가 없는 사람일 것이다.

" 그리스도인이나 정치적 보수주의자들이거나 간에 가난하고 억눌린 사람을 도와주어야 한다는 데에는 서로가 의견을 같이하고 있다. 그러나 정부가 이 문제를 어느 정도까지 관여하여야 하는가에 대해서는 서로 의견을 달리하고 있다.

제 4 부 생명과 자유를 위한 싸움

　이 세상에는 태어날 때부터 죽을 때까지 사람들의 도움을 받아야만 살아갈 수 있는 사람들이 적지 않다.
　그러기에 주님께서는 이 사실을 잘 아시고, "가난한 자들은 항상 너희와 함께 있거니와 나는 항상 함께 있지 아니하리라" (마 26:11) 라는 말씀을 하셨을 것이다.
　온전한 하나님의 나라가 도래할 때까지 이 땅에서 가난이 없어지지는 않는다. 우리 주위에 도움 받아야할 가난한 사람들이 있다는 것은 어찌 보면 우리로 하여금 그들에게 그리스도의 사랑을 부어줄 수 있도록 하나님께서 허락하신 특권 일수도 있다.
　그리스도인이 이러한 하나님이 주신 특권을 유기하고 가난한자들을 돕는 것을 정부에게만 맡긴다면 아니 될 것이다. 정부나 기관에서 하는 구제사업은 너무도 조직화 되어있어 인간미가 없고 사랑이 결여되어있다.
　아무리 도움 받아도 사랑이 없는 빵은 사람에게 자립할 힘을 앗아가기에 정부의 도움은 그 효율성에 있어서 그야말로 제로인 셈이요 밑 빠진 독에 물 붓기인 셈이 되는 것이다.
　그러나 기독교 자선 단체나 교회가 구제사업을 해도 사랑이 없이 조직화되어 기계처럼 도움을 준다면 정부가 하는 것이나 다를 바 없이 될 것은 뻔한 이치이다.
　그러기에 정부나 자선단체의 도움을 받아서 그전보다

상태가 더 좋아진 사람보다는 오히려 더 못한 상태에 처하게 되는 사람들의 수가 더 많다는 사실에 교회는 주목하여야 한다.

미국 정부가 나서서 가난한 자를 도와주고 사회의 악을 없애주어서 사회의 도덕적인 수준을 높아주기를 교회는 촉구하고 있다. 그 결과 정부가 이일에 어느 정도 발벗고 나서게 되었고, 이로 인해 교회와 가난한 자들이 한숨을 잠시 돌렸다.

그러나 실제로는 이러한 정부의 도움으로 인해 교회가 더 많은 고통을 받게되었다는 데 문제의 심각성이 있다. 정부가 구제사업을 발벗고 나서도 가난한 자의 문제는 점점 심각해지고 있는 이때에 교회는 정부만 비판하고 있어서는 안 된다.

이러한 때일수록 교회는 정부의 한계를 깨닫고 예수 십자가의 정신을 가지고 가난한 자 구제 문제에 뛰어들어 사랑으로 이 문제를 풀어야한다.

인간의 제반 문제들에 대한 해답은 그리스도안에 다 있다. 교회가 빛이 되신 그리스도를 높이 들 때까지는 이 세상에 만연한 어둠과 마귀의 속임은 항상 있을 것이다.

제 5 부

요 약

교회는 성령이 주시는 힘과 능력이 없이 하나님의 나라를 이 땅에 이루려고 하였던 오랜 전력들을 가지고 있다. 그러나 주님께서는 "육으로 난 것은 육이요 성령으로 난 것은 영이니" (요 3:6)라고 말씀하심으로 교회가 육을 심을 때는 성령의 열매를 거둘 수 없다는 사실을 분명히 하셨다.

우리가 선한 목적을 이루기 위해서는 성령의 인도함을 따라야 한다. 그렇게 되지 않는다면 사람들이 상처받는 일이 일어나고 화해 대신에 분리만이 가속된다. 역사를 뒤돌아볼 때 구원의 복음을 만방에 전하라고 부름 받은 교회는 인류에게 지울 수 없는 가장 큰 상처들을 안겨주었다. 하나님의 명령과 계획을 이루려는 올바른 목적에도 불구하고 교회가 사람들에게 연속적으로 아픔을 준 이유는 세상의 권세를 사용하였기 때문이었다.

교회가 육체의 무기로 영적 전쟁에 나서면 패할 수밖에 없고 그 결과 복음의 길은 더욱 더 막히고 그 결과 마귀의 힘은 오히려 증대된다. 그렇게 되면 설사 교회가 소기의 목적을 달성했다고 하더라도 하나님의 입장에서 보면 이득보다는 손실이 더 크게되고 마는 것이다. 세상은 교회의 역사적 잘못을 잘 알고 있는데도, 막상 잘못의 장본인인 교회는 이러한 것을 잘 모르거나 무시한 채 동일한 실수를 계속해서 반복하고 있다. 교회는 과거의 역사를 무시하려고만 하지말고 이를 잘 연구하고 돌아보아 어디에 잘못이 있었는지를 알아내어 다시는 마귀가 쳐놓은 그물에 걸리지 않아야 한다.

이러한 작업이 고통을 수반하는 작업이라고 하여 이러한 역사 연구를 통한 자기성찰을 교회가 등한시 한다면, 그 결과 교회의 실수는 앞으로도 줄어들지 않게 될 것이다. 시간이 약이라는 말은 영의 세계에서는 통용되지 않는다. 시간이 지나도 과거의 상처는 상처대로 남아있다. 그러나 그 상처에 약을 바르고 붕대를 감으면 그 상처는 치유된다. 과거 교회가 십자군을 동원하여 수많은 모슬렘들과 유대인들에게 행했던 악한 행위로 인해 이슬람 사람들에게 가해진 상처가 거의 천년이 지난 지금에도 치유되지 않고 있다.

이슬람교와 기독교와의 반목의 골은 시간이 지날수록 오히려 더욱 더 깊어지고 있다. 처리되지 않는 죄는 자손에게로 계속해서 유전된다는 사실을 성경이 말하고 있다. 나는 지금 조상의 지은 죄에 대해 자손들이 심판을 받아야 된다고 주장하고 있는 것이 아니다. 나는 지금 교회가 과거의 죄를 인정하고 회개할 때에 모슬렘과 유대인들의 상처가 치유되어 이들과 기독교가 화해하게 되고 나아가 이슬람 사람들과 유대인들이 예수 그리스도의 복음을 수용할 수 있게되는 것이라고 말하고 있는 것이다.

성경에서도 에스라나 느헤미아와 같은 인물들이 나타나 그들의 조상이 지은 죄를 회개하였을 때 하나님이 계획하신 그들 국가의 재건이 제대로 되어나갔던 사실을 교회는 다시 한번 깊이 상고하여야한다.

교회가 부흥하고 회복되려고 하거나 회개운동을 통해 왕성해지려고 하면 마귀들은 항상 그러한 움직임을 조기에 차단하려고 하여왔고 이러한 그들의 시도는 거의 대부분 성공하여왔다. 새로운 하나님의 회복과 부흥운동이 시작되려고 하면 마귀는 초기에 그 운동을 박살내려고 하였다. 어느 교단, 어느 운동, 어느 개인이건 상관없이 그리스도인들이 성령의 힘과 방법을 의지하지 않고 세상의 힘과 방법을 의지하여 성령의 일을 이루도록 마귀가 부채질함으로서 하나님의 운동을 망치게 하려는 것이 마귀의 계획이라는 사실을 교회는 간파하고 있어야한다. 물론 모슬렘들도 그리고 심지어는 유대인들도 기독교인들에 대해 잔혹한 행위를 하여온 적이 있었던 것은 사실이다. 그러나 문제는 그들이 우리에게 악을 행했다는 것이 아니다.

문제는 구원의 복음으로 온 세상 사람들에게 생명을 주겠다고 하는 우리가 그들에게 생명을 주지 아니하고 죽음과 상처를 줌으로 그들로 하여금 기독교 복음이라면 진절머리를 치게 만들었다는 것이 문제인 것이다. 교회가 이 마지막 때에 예수님의 지상 최대의 명령을 제대로 수행하기 위하여 정작 필요한 것은 사람들의 의견이거나 일할 수 있는 많은 사람들이거나 많은 돈이거나 정치적 권력이 아니라 바로 하나님의 은혜이다. 그리고 하나님의 은혜는 겸손한 자에게 부어지는 것이다. 그러므로 우리는 하나님의 은혜를 받기 위해 백방으로 노력하여야한다. 교회가 겸손해 지는 가장 좋은 방법은 교회가 과거의 잘못을 깨닫고 이로 인해 피해를 받은 사람들의 후손들과 민족들에게 찾아가서 그들에게 용서를 구하는 것이다. 이런 겸손의 행위로 인한 영의 힘은 너무도 커서 그동안 사람 사이와 민족과 민족 사이를 분리했던 거대한 장벽들을 여지없이 허물고 불가능한 것처럼 보였던 화해와 교제를 가능케 한다.

그 결과 복음을 적대했던 사람들이 복음에 대해 마음의 문을 열게되는 일이 일어나는 것이다.

겸손이라는 강력한 영의 무기는 예수님께서 사용하신 무기이다. 그 분께서는 멸시의 상징인 십자가에 달려 고통과 배신가운데 있을 때에, 죄 없는 자신을 향해 욕설을 하는 사람들을 용서해달라고 하나님께 기도를 드렸다. 이러한 예수님의 놀라운 겸손을 통해 흘러나온 하나님의 능력이 이 세상을 이겼고 죽으신 예수님을 부활시켜 그분을 이 세상 모든 권세와 능력 위에 우뚝 서게 한 것이다. 성경은 이 세상 마지막 때에 교회가 큰 영적 권세를 획득하여 예수님의 지상 명령을 힘있게 수행하게 될 것이라고 이야기하고 있다.

지금은 교회가 힘을 얻어야 할 때이다. 과거를 하나님 앞과 사람 앞에 철저히 회개하는 과정을 통해 교회가 겸손하게 될 때, 교회의 잃었던 영적 권위는 회복될 것이다. 이제 교회는 잃어버렸던 영적 권위를 되찾아서 예수님의 지상 최대의 명령을 힘차게 수행하여

제 5 부 요약

야한다. 인류 최초의 형제 가인과 아벨 사이에 살인이 있고 나서부터 살인이 인류의 목을 죄어왔다. 이에 대한 완전한 구속이 있을 때까지 이 땅에서는 살인과 전쟁이 그치지 않을 것이다. 십자군들이 예루살렘을 점령한 그 날 사탄은 아마도 예수의 영광은 그 빛을 잃어버렸다고 공중에서 껄껄거리고 웃었을 것이다. 주님은 지금 교회에 대해 마귀의 영과는 반대되는 영인 성령으로 악을 이기라고 말씀하신다.

  그리고 주님께서는 지금 악한 길에서 돌이켜 하나님의 얼굴만을 구하는 사람들과 악한 마귀를 성령으로 싸워 이길 겸손한 사람들이 세상 도처에서 불같이 일어나기를 기다리고 계신다. 그런 하나님의 사람들이 각처에서 일어나는 때에 하나님께서는 하늘에서 그들의 겸손한 기도를 들이시고 상처받은 땅들을 치유하실 것이다. 그리고 이 치유가 예루살렘에 이르러 유대인들의 상한 심령이 예수 그리스도의 은혜와 진리로 만짐 바 될 때 교회 지상 최대의 사명이 이루어지게 된다.

  그러면 성경의 약속대로, 점 없고 흠 없으신 우리의 신랑 되시는 예수께서 우리와 결혼하시기 위해 이 땅에 재림하시게 되는 것이다. 그리고 그때에 드디어 하나님의 온전한 나라가 이 땅에 도래하게되는 것이다.

마귀의 책략과 교회의 승리

발행일	2003년 09월 05일
4쇄	2012년 03월 15일
지은이	릭조이너
엮은이	박미가
펴낸이	장사경
펴낸곳	Grace Publisher(은혜출판사)

주소 서울 종로구 숭인 2동 178-94
전화 (02) 744-4029 **팩스** 744-6578
출판등록 제 1-618호(1988. 1. 7)

© 2011 Grace Publisher, Printed in Korea
　ISBN 89-7917-550-7　04230
　ISBN 89-7917-487-X　(세트)

이 출판물은 저작권법에 의해 보호를 받는 저작물이므로 무단 전재와 무단 복제를 할 수 없습니다.